ABBÉ J. GROSBOIS

ANCIEN CURÉ DE DURTAL.

DURTAL

ET

ses environs

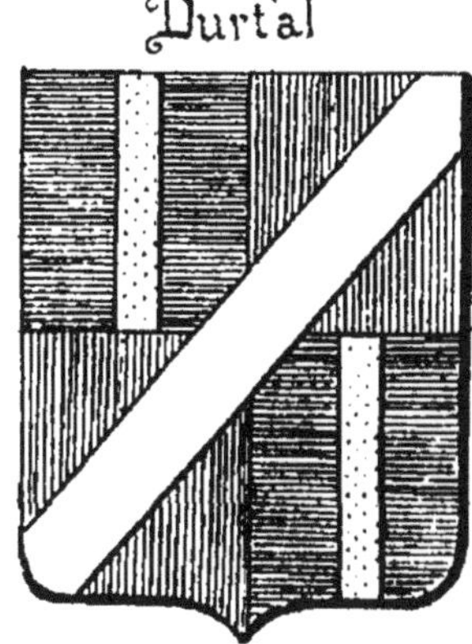

Durtal

ANGERS * * * * *

IMPR^{ie} P. DESNOES

26, BOULEVARD DU CHATEAU, 26

DURTAL

HISTOIRE

Ville et Campagne

❖ ❖ ❖

Communes du Canton ❖ ❖ ❖ ❖ ❖

Communes Limitrophes ❖ ❖ ❖ ❖ ❖

et

Personnages Remarquables ❖ ❖ ❖ ❖

" Lorsque du monde ont cessé les vains bruits

" L'histoire vraie ouvre à tous son école,

" Là, des aïeux la voix sage console....

" Par leurs leçons, Français, soyons instruits ! "

AVANT-PROPOS

Le célèbre archiviste d'Angers, Célestin Port, terminait en 1874 l'introduction à son remarquable Dictionnaire historique, géographique et biographique de Maine-et-Loire, par cette belle phrase : « Un temps viendra peut-être, — « bénie en soit l'heure ! — où parmi tous ces Ancêtres, et « tant d'autres plus humbles encore, et tout oubliés, chaque « village, chaque maison tiendra à honneur de reconnaître « les siens ; où l'histoire du pays natal deviendra avant « tout — comme il ferait si bon de le dire — familière à « nos enfants, et où l'on comprendra de plein cœur, ainsi « que je l'ai cru bien sentir à chaque page de ce livre, que « s'étudier à faire aimer le coin de terre où l'on naît, où « l'on grandit, où la tradition s'est formée de toute vie qui « a un passé et un avenir, c'est travailler à rallier pour le « mieux toutes les âmes dans un sentiment commun d'amour « pour la France. »

Nous ne saurions mieux dire pour exprimer nos vues et nos sentiments les plus intimes, alors que nous essayons de faire en petit pour Durtal, ce que Célestin Port a fait en grand pour l'Anjou tout entier. Ce sera donc là notre seul avant-propos pour cet humble travail. Puissent ces pages, empruntées à différentes sources d'origines diverses, mais bien documentées, être agréables et utiles à nos compatriotes angevins du xxᵉ siècle, et tout spécialement aux Durtalois.

Mars 1909.

FRANÇOIS-JULES GROSBOIS,
ANCIEN CURÉ DE DURTAL.

TEMPS PRIMITIFS

Nous appellerons ainsi les temps obscurs, qui ont précédé l'an 1000 dans l'histoire de France.

Les populations de la Gaule étaient un peu nomades, parfois barbares et misérables. Elles se réfugiaient dans les forêts immenses, vivaient plutôt de chasse et de pêche, ne cultivant que peu ou point le sol ni défriché, ni assaini. La plupart, loin des cours d'eau, habitaient soit de pauvres chaumières, soit même des grottes ou naturelles ou creusées de main d'homme. Telle était en particulier la région située sur la rive droite de la Loire. Tout le Baugeois, comme son nom l'indique, n'était qu'une immense bauge, repaire d'animaux sauvages, tels que le sanglier. Les armes de la Ville de Baugé en font foi (d'argent au sanglier de sable dans un buisson de sinople).

Plus tard, quand les Romains firent la conquête de la Gaule, ils la civilisèrent en partie, surtout dans le Midi. Une vie intense et nouvelle vint ainsi animer peu à peu notre pays. Les monuments qui nous restent de ces temps reculés sont extrêmement rares et c'est de loin en loin que l'on retrouve aujourd'hui quelques vestiges des grandes voies qui traversaient la Gaule en tous sens. Dès l'an 350, la Gaule fut évangélisée. Des monastères, peuplés d'évêques et de moines, défrichèrent les plus sauvages solitudes, ensemencèrent de vastes terrains, bâtirent des maisons solides et saines et surtout des églises, autour desquelles vinrent se grouper des populations civilisées.

Tel fut dans notre contrée le monastère bénédictin, fondé par Saint-Maur (de 542 à 583), sur la rive gauche de la Loire, en face de la Ménitré.

Si les incursions des barbares Saxons et Francs causèrent à cette époque de grands ravages dans les Gaules, elles déterminèrent par contre les indigènes, nos aïeux, à se grouper dans des camps fortifiés pour mieux résister aux envahisseurs ; grâce à ces organisations nouvelles la monarchie des Francs réunit, vers l'an 600, le pays entier dans les mains du roi Clotaire II. Dès ce moment, l'Anjou va suivre la destinée de cette région, qui devint la Normandie ; comme elle, l'Anjou aura des Gouverneurs, et plus tard, en 850, des Comtes pour administrer et protéger la province.

Cependant, à cette date, toute la frontière bretonne et nantaise est en feu. Le roi des Bretons, Nominoë, envahit l'Anjou. Après lui, ce sont les Normands, venus des Mers du Nord, qui remontent la Loire avec leurs flottes de barques, pillent et détruisent tout sur leur passage. S'ils se retirent ensuite, pour jouir de leurs déprédations, dans les îles du fleuve, c'est pour en sortir fréquemment et à l'improviste, et renouveler plus loin, jusqu'en Touraine, leurs brigandages. Robert-le-Fort les ayant vigoureusement repoussés, ils furent vingt ans sans reparaître ; mais dès l'année 903, ils s'abattirent, comme des oiseaux de proie, sur nos terres, aussi féroces, aussi pillards qu'auparavant. Enfin, pour le salut de notre région, se montrèrent, véritables sauveurs, des chefs militaires intelligents, courageux et capables de conduire des troupes nombreuses, chefs connus dans notre histoire sous le nom général de Comtes d'Anjou. Le premier d'entre eux est Foulques-le-Roux ; il commanda de 886 à 941. Ensuite, viennent Foulques le-Bon, de 950 à 960 ; Geoffroy Grisegonelle, de 960 à 987 ; Foulques Nerra, de 987 à 1040 ; Geoffroy-Martel, de 1040 à 1060. Si ses prédécesseurs avaient déjà préparé les voies et jeté quelques fondations, c'est lui surtout qui fut le vrai fondateur de Durtal.

Après lui, nommons encore Geoffroy-le-Barbu, de 1060 à 1067 ; Foulques-le-Réchin, de 1067 à 1109 ; Foulques-le-Jeune, de 1109 à 1129 ; Geoffroy-le-Bel, dit aussi Plantagenet, de 1129 à 1151, etc.

Des monnaies d'or et d'argent, frappées sous le gouvernement de ces illustres Comtes, prouvent qu'à cette époque les transactions commerciales se généralisent pour le plus grand bien du peuple. Déjà aussi commence l'histoire de notre pays, jusqu'ici si pauvre dans l'isolement et l'incurie des habitants encore trop dispersés.

C'est à Durtal que l'on voit aboutir les nombreuses voies antiques, qui se dirigent de Baugé à Jarzé, à Morannes et le long des rives du Loir. Sans doute, ces routes étaient tracées au hasard, trop étroites, mal encaissées, surtout mal ou point du tout entretenues, par conséquent souvent impraticables mêmes aux piétons. Aujourd'hui que nos campagnes sont percées de si belles routes, que les moyens de transport et de locomotion abondent et surabondent, nos jeunes générations qui n'ont rien vu de ce qu'on avait à souffrir à cet égard jusqu'au milieu du xixᵉ siècle, ont peine à se l'imaginer.

Dans ces temps primitifs, on savait en Anjou forger le fer ; on possédait des instruments de culture, de construction, des armes pour se défendre. A diverses reprises, et notamment en 1866, dans les fondations même du château actuel, on a trouvé à Durtal des débris d'armes anciennes en telle quantité que épées, haches brisées, couteaux, marteaux, le tout en bronze, formaient un amoncellement de presque un mètre cube. On les vendit au poids à Angers ; quelques débris furent conservés par des antiquaires.

On peut se demander quel était le langage parlé par nos ancêtres aux xiᵉ et xiiᵉ siècles et peut-être même

avant, dans la région limitrophe du Craonais. Voici
un spécimen de ce langage, que nous pouvons com-
prendre ; il est extrait d'un livre de prières de l'époque,
c'est le Notre Père.

« Sire, qui es ès Ciaux, sanctefiez soit li tuens nom ;
« — Aveigne li tuens règne ; — Soit faite ta volenté, si
« come ele est faite el Ciel, si soit ele faite en terre ; —
« Notre pain de cascun ior nos donne hui ; — Et par-
« done nos meffais, si come nos pardonons à ços qui
« meffait nous ont ; — Sire, ne soffre que nos soions
« temptés par mauvaise temptation ; — Mes, Sire, délivre
« nos du mal. Amen ! »

LE MOYEN AGE

Nous voici rendus au moyen-âge, époque de résurrection sociale, religieuse et artistique ; c'est à cette époque que remonte la fondation de Durtal.

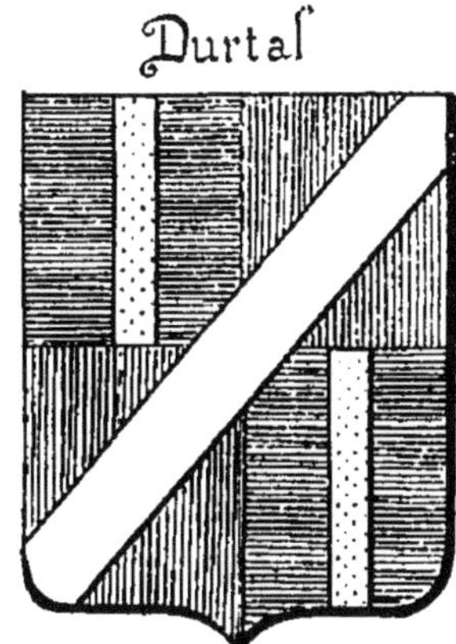

Armes de Durtal.

En effet, vers l'an 1050, se dresse pour la première fois sur cette côte escarpée (durum stallum, dura stalle, emplacement solide), au confluent du ruisseau l'Argance avec le Loir, le donjon imposant d'un château féodal, appelé la Primaudière. Généralement, on a attribué cette fondation à Foulques-Nerra, surnommé, à juste titre, le grand bâtisseur ; mais comme nous l'avons dit, cette œuvre a été certainement achevée par son fils Geoffroy-Martel, en 1040, suivant l'affirmation d'une charte contemporaine [1].

Geoffroy-Martel, sous le règne de Philippe Ier, donna le fief de Durestal, ou Duretal, ou Durtal, à Hubert de

[1] Cart. St-Aubin, fol. 96 v°.

Champagne, dit Rasoir, qui possédait déjà la terre de
Gouis.

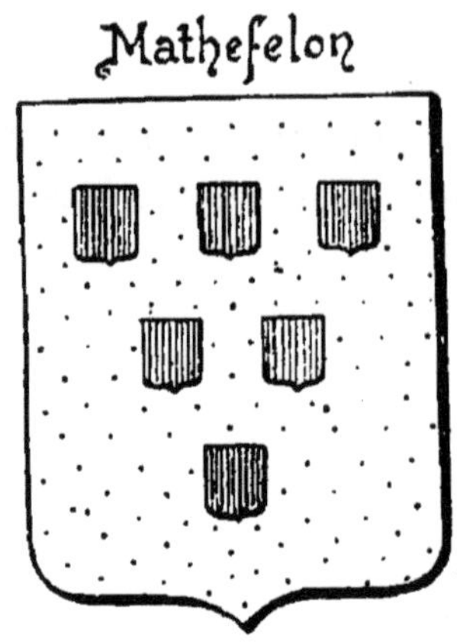

Armes des Mathefelon.

Agnès, veuve d'Hubert, dame de Clairvaux et en partie
de Mathefelon (commune de Seiches) avait épousé, dès
avant 1060, Renaud de Maulévrier, à qui Foulques-le-
Réchin enleva la terre pour la rendre à Robert Bourgi-
gnon et à Macouard de Daumeray, tuteurs, sans doute,
du fils d'Hubert de Champagne. Alors, Agnès donna à
Théodoric, abbé de Saint-Aubin d'Angers, deux églises,
Ecclesias de Duristallo : l'une paroissiale de Gouis, avec
saint Gervais et saint Protais, pour patrons ; l'autre, sise
au château, comme chapelle, (Capellam Ecclesiæ Matris)
dédiée à Sainte Marie, mère de Dieu.

La descendance d'Agnès, relevant le nom de Mathefelon, se maintint jusqu'au xiv° siècle et alla s'éteindre
en Hongrie en 1398.

Jeanne de Mathefelon épouse, en 1349, Guillaume
Larchevêque [1], de la grande famille des Parthenay, et lui
apporte avec Mathefelon la terre de Durtal.

(1) La succession de Jean Larchevêque donna lieu à de nombreux
procès qui continuèrent jusqu'au xvii° siècle. Un arrêt est rendu le

L'alliance de Marie de Parthenay la fit passer vers 1420 à Louis de Châlons, comte d'Auxerre, et celle de Marguerite de Châlons l'apporta à Olivier de Husson, chambellan de Charles VII, dont la fille Isabeau de Husson épousa, en 1435, Hector de la Jaille. Remarquons que c'est à l'époque où Olivier de Husson possédait Durtal, c'est-à-dire en 1429, que se passa le fait historique suivant :

Après la délivrance d'Orléans, 8 mai 1429, l'armée française avait déjà chassé les Anglais de Meung ; pendant qu'elle assiégeait Beaugency, on vint annoncer à d'Alençon et à Jeanne d'Arc qu'une armée était en vue, s'avançant dans les plaines de la Beauce. Par prudence, on suspendit aussitôt la canonnade et autres opérations du siège, quoique les Anglais en souffrissent beaucoup ; mais il fallait faire face à l'ennemi inattendu.

Bientôt on s'aperçut avec joie que les troupes signalées étaient françaises et qu'elles avaient à leur tête le connétable de Richemont. A sa suite, on distinguait les garnisons de Sablé, de La Flèche et de Durtal, environ 2.000 hommes, qui venaient renforcer les troupes de la Pucelle. Grand honneur pour Durtal que nos compatriotes aient combattu sous la noble bannière de la libératrice du territoire français, pour en chasser l'étranger qui le ruinait et le déshonorait depuis tant d'années. Ce glorieux épisode mérite d'être conservé dans nos archives Durtaloises [1].

En reprenant la généalogie, commencée plus haut,

6 juillet 1694 sur la requête de François de la Rochefoucault, constatant que les terres de Mathefelon, Durtal et Cingé appartiennent réellement aux descendants du maréchal de Vieilleville et non à la couronne ou aux ducs de Longueville, descendants de Dunois, à qui Charles VII avait voulu donner ces terres (Archives nationales, série 9, carton n° 619).

(1) *Jeanne d'Arc*, par H. Debout, ch. xiii.

nous trouvons qu'en 1480 René du Mas devient seigneur
de Durtal. Il était chevalier du Croissant et époux de
Marguerite de la Jaille. Leur fils René mourut sans
enfants, laissant l'héritage à son frère Jean du Mas,
abbé de Saint-Thierry-les-Reims, grand doyen d'Angers.
Il fut élu évêque de Dol en 1557, l'année même de sa
mort. Les armes des du Mas ornaient autrefois l'écusson
qui décore la porte nord du château, et qu'on appelle
porte de Verron.

Armes des du Mas.

C'est aussi ce Jean du Mas qui fit construire à ses frais,
en pierre et non plus en bois, le pont jeté sur le Loir,
en face du château. L'ancien pont en bois, peu solide,
toujours en réparation, était fort dangereux, car il était
très passant. En 1750, un nouveau pont fut bâti à environ
80 mètres en aval du premier, qui fut ruiné en 1748,
c'est celui qu'on voit aujourd'hui : Il a cinq arches en
grès du pays.

Après Jean du Mas, la terre revint à son frère utérin
François de Scépeaux, fils de Guy de Scépeaux, second
mari de Marguerite de la Jaille, qui déjà résidait au
château de Durtal.

Ce François de Scépeaux est plus connu sous le nom

de Maréchal de Vieilleville, qu'il illustra par ses exploits militaires et par la confiance royale que lui mérita son dévouement. Ce fut pour lui que la Chatellenie fut érigée en Comté, en octobre 1564.

Écartelé au 1 et 4. vairé d'argent et de gueules. 2 et 3, fascé d'argent et gueules de 10 pièces au lion de sable brochant sur le tout qui est d'Estouteville et sur le tout d'or à 6 écussons de gueules posés 3.2 et 1 qui est de Mathefelon

Armes des Scépeaux.

Il était comte de Durtal, Baron de Mathefelon, Seigneur de la Vaisoudière, de la Bérardière et de Saint-Michel-des-Bois (ou de Ghaisne, canton de Pouancé). Fils de Guy de Scépeaux, puîné de sa maison, et de Marguerite de la Jaille, il naquit en 1509, peut-être au manoir de Vieilleville, sur le Loir, près de Prignes, commune de Baracé, qui appartenait alors à la famille de Scépeaux. De ce manoir, ruiné par les ligueurs, il ne reste qu'une ferme et la tour octogonale avec son escalier en vis de l'ancien logis. Peut-être est-il plus probable que le futur maréchal naquit à Saint-Michel-des-Bois. dans le château des Scépeaux, alors une des principales places fortes de l'Anjou. Plusieurs fois ce château fut assiégé par les Anglais, en 1422 notamment. Il n'en reste plus que des ruines. Sur un des bâtiments de la ferme, on trouve une ardoise, malheureusement brisée aux deux bouts, et qui porte gravée cette inscription « ..... 1|542 je fus commencé par Descepaulx et Renée Lero..... | son épouse.

Cette puissante famille des Scépeaux descendait

par les femmes des d'Estouteville, et tenait par le comte de Saint-Pol et le prince de la Roche-sur-Yon à la maison de France. Elle avait compté parmi les plus riches du royaume, mais son dévouement à la Couronne, pendant la guerre de Cent Ans, l'avait fort réduite. Guy de Scépeaux, père de François, représentait la branche cadette. Il avait épousé « haute et vertueuse dame « Marguerite de la Jaille, et tous deux vivaient si gran- « dement dans leur seigneurie de Durestal, en gens de « bien et d'honneur, que toute la noblesse du Maine et « d'Anjou y prenait exemple » [1].

Le jeune François passa ses premières années dans la maison paternelle avec ses maîtres d'armes et de latin, en attendant d'être attaché à quelque membre de la maison royale, pour y « parachever ses façons et con- « naissances et y apprendre la vertu ».

A cet effet, il partit à 14 ans, pour entrer à Amboise au service de Louise de Savoie, mère du roi François Iᵉʳ.

Au bout de quatre ans, alors âgé de dix-huit ans, grièvement insulté par un maître d'hôtel de la Cour et ne pouvant en obtenir raison, « il lui donna de l'épée à travers du corps ». Le roi François Iᵉʳ disculpa volontiers le jeune homme, mais celui-ci épouvanté de sa criminelle action s'enfuit à Durtal. Son père le traita avec moins de bienveillance que le roi ; il l'aida toutefois à réparer sa faute et cet événement fournit au jeune François une forte leçon de possession de soi-même, dont il sut d'ailleurs profiter.

En effet, le maréchal de Vieilleville est, de tous les chevaliers qui trônèrent dans l'antique château des Foulques, celui qui offre, dans le cours des âges, la figure la plus noble et la plus imposante.

____

(1) P. du Paz.

Voici comment le roi lui-même l'arma chevalier :
« Approchez-vous de moi, gentille lumière de cheva-
« lerie, lui disait François 1ᵉʳ, comme il eût pu le dire à
« Bayard ; mais que vous soyez plus âgé et je vous

Le Maréchal de Vieilleville

« appellerai soleil ; car si vous continuez, vous reluirez
« sur tous aultres. Cependant, parez le coup de votre

« Roy qui vous aime et vous estime. » Il l'armait chevalier, à la fleur de ses ans.

On a pu comparer Vieilleville et Bayard. Chez tous deux, en effet, on trouve le même entrain de jeunesse. « Enfants, le menton déjà leur frisonne ; jeunes écuyers, ils font litière de leur vie ; dans le monde, ils seront plus curieux d'amis que d'écus. »

Parlant un jour des confiscations de corps et de biens des Usuriers luthériens du Midi, Vieilleville s'écria indigné : « Avoir pour 20.000 écus la malédiction d'une infi-
« nité de femmes, de filles, de petits-enfants, qui mour-
« ront à l'hôpital par la confiscation des corps et biens,
« à droit ou à tort, de leurs maris et pères, ce serait
« s'abîmer en enfer à bon marché ! »

Vieilleville avait pour maxime et règle de conduite cette noble sentence : « Assez demande qui bien sert. » Le roi Henri II lui prédit qu'avec cette belle doctrine il se trouverait un jour *tout gris et à pied*. Toutefois, grâce aux services rendus par Vieilleville, et à l'habileté de son désintéressement, la sinistre prophétie du Roi ne se réalisa pas.

Brave comme Bayard, mais plus diplomate, il savait mieux que le chevalier sans peur et sans reproche, *desrober accortement* et surprendre la victoire. Aussi Charles-Quint l'appelait le Lion-Renard, et ce n'était pas tout à fait sans raison, raconte Carloix, son historien.

Lautrec, son parent, lui offrit une place sous sa cornette à l'armée d'Italie, et le nouveau venu s'y acquit bientôt une haute réputation de vaillance et de désintéressement. Chargé en avril 1547 d'une ambassade à Londres, conseiller d'État en 1551, maréchal de camp le 24 juin 1552, gouverneur de Metz le 1ᵉʳ mai 1553, consulté et mis en œuvre pour toutes les actions de guerre et de diplomatie, il figurait au premier rang de ces Poli-

tiques que leur modération et leur tolérance rendaient
suspects aux partis de violence et de rapine. Toutefois,
s'il refusait de participer aux bénéfices des confiscations,
il n'en tenait pas moins tête, avec la plus grande énergie,
aux entreprises des huguenots. Ce fut à lui qu'échut la
charge d'arrêter la marche des conjurés d'Amboise sur
Orléans (15 mars 1560), comme de réprimer les troubles
de Rouen (1563), de Touraine, d'Anjou et du Maine (1565),
du Poitou (1567) et du Lyonnais (1570).

Il n'avait accepté que sur les vives instances du Roi et
de la Reine le titre de Maréchal de France (19 décembre
1562), mais il refusa absolument la charge de connétable.

A la vue d'une existence si occupée, n'est-il pas juste
de dire que, pendant plus de quarante ans, le Maréchal
« n'épargna sa vie non plus que s'il en avait eu une
centaine à reprendre ». Par ses hautes qualités et par les
récompenses qu'elles lui valurent, non moins que par sa
naissance, Vieilleville occupa de son temps une position
très élevée, et c'est alors aussi que Durtal devint le rendez-vous de la noblesse angevine et comme la demeure
d'un prince.

De ce riche comté de Durtal dépendaient les quatre
paroisses de la ville, les paroisses de Seiches, Mathefelon,
Marcé, la Chapelle-d'Aligné, Lézigné, une partie de Huillé,
de Baracé, de Daumeray, du Pé, du Bailleul et de Bazouges-
sur-Loir. A cette longue nomenclature un peu aride, il
faudrait encore ajouter les noms de dix-huit paroisses, et
entre autres, le nom de la paroisse du Lude, jusqu'au
xviiᵉ siècle.

Ce fut sous le maréchal de Vieilleville que le donjon
du xvᵉ siècle, avec la Grant-Motte entourée de douves et
de redouves, et que précédait un étang, fit place à l'édifice seigneurial « autant que tout autre en France, pour

« n'être pas partaige de prince », qui subsiste toujours,
en partie seulement transformé. Il devint avec un tel

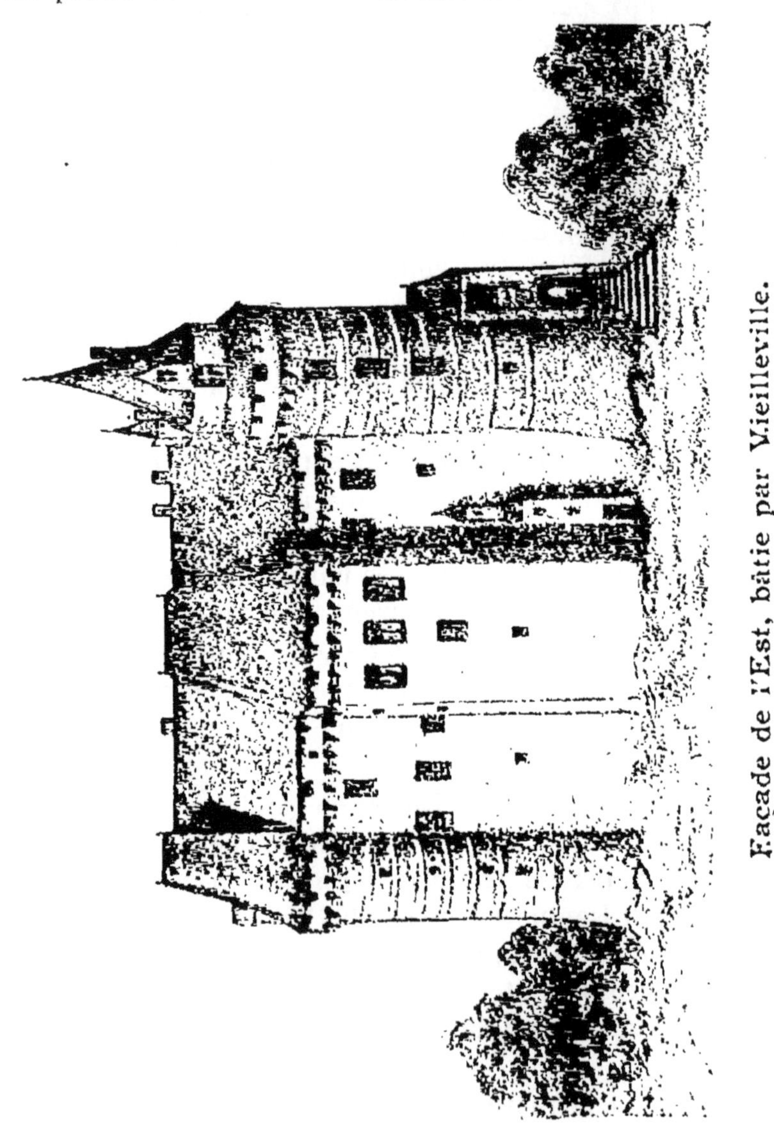

Façade de l'Est, bâtie par Vieilleville.

maître le rendez-vous de toutes les magnificences. Henri II
s'y arrêta quatre jours en 1550 ; et Carloix, secrétaire du

maréchal, raconte ainsi la chère qui y fut faite à cette occasion :

« De vous dire le traitement que fit M. de Vieilleville
« à toute la Cour serait peine perdue ; car si en aultres
« endroits vous avez veu ses magnificences et libéralités,
« où il n'était point question de traiter son Roy, son
« seigneur et son maître, les princes et les seigneurs qui
« l'accompagnaient, puis les compaignons et amis, vous
« pouvez bien croire qu'il y employa le vert et le sec. Car
« la table des princes et grands seigneurs était de dix
« plats, et celle des aultres moyens seigneurs, chevaliers,
« gentilshommes de la Chambre, capitaines et lieute-
« nants de gendarmerie et autres gentilshommes de
« six (plats) et toutes fort exquisement servies. Mais
« pour tenir toute la foule joyeuse et en allaigresse, il
« donna une grande cave, où il y avait vingt-cinq pipes
« de vin d'Anjou excellent, à garder aux Suisses ; de
« laquelle (cave) on puisait le vin à buyes, cruches, barils
« et bouteilles, comme s'il y avait eu là-dedans une
« source de cette vineuse liqueur ; et l'autre cave, où
« où estait le vin d'Orléans, de Maydon, de Gascoigne
« blanc et clairet, et tous les aultres vins de bouche, il y
« avait quatre sommeliers, qui, suivant leur rosle, por-
« taient à tout repas deux bouteilles blanc et clairet à
« chacun des messieurs du Conseil privé, aux évêques,
« aux maistres des requêtes, aux secrétaires d'Etat......
« si bien qu'il n'y avait personne de la suicte qui ne fût
« contant, et qui ne s'étonnast de cette prodigalité ; et
« tous menus officiers du Roy jusqu'aux valets de pied,
« portiers, huissiers de salle, valets de fourrière, serdel-
« leaux, y étaient à souhait abreuvés. Et ce qui rendait
« la chère très admirable estait que, si le maistre traitait
« les hommes, Madame de Vieilleville s'était chargée de
« faire le semblable aux femmes, et tenait maison aux

« princesses, dames d'honneur, d'atours, gouvernantes,
« et aux filles de la Royne, avec telle abondance de vivres
« et un si bel ordre pour le service, qu'elle en fut mer-
« veilleusement louée. »

Malheureusement, le 15 septembre suivant, arrive un
courrier portant l'ordre du Roy à M. de Vieilleville de
partir pour Metz. « Il y apporta ce que fait en un temps
« gay et serain une nuée épaisse et obscure, de laquelle
« crévant, il ne sort que de la pluye. Madame de Vieille-
« ville ne se. peut contenir de descouvrir son ennuy et
« tristesse par les larmes, qui fut incontinent secondée
« par les afflictions particulières et générales de tout ce
« famail ; car ce sexe se décharge communément de
« toutes ses passions par les yeux… Violons, haultsbois,
« et tous aultres passe-temps bientôt se retirèrent. »

Après son ambassade d'Angleterre en 1551, le Maréchal revint à Durtal « s'y rafreschir », et se donner du
bon temps par la mutuelle visite de ses parents, voysins
et amis. A sa suite viennent les guilledines blanches
comme Cygnes (chevaux anglais) et les lévriers et les
dogues, avec les arcs fin brésil, présents de Lord Dudley.

En 1552, de Vieilleville revenait à Durtal après la
prise d'Ivoy et de Montmédy. « Les plus signalés
seigneurs de l'Anjou l'attendaient dans la forêt, et à sa
première vue, mirent pied à terre et il se passa, dit
Carloix, une bonne demi-heure à s'entre embrasser et
saluer et ayant fait quart de lieue en telles caresses,
remontèrent à cheval, pour venir au Château, où ils
trouvèrent la foule des dames qui accompagnaient
Madame de Vieilleville et Mademoiselle d'Espinay, sa
fille aînée, qui les attendaient sur la belle terrasse de
Durestal, qui n'a point sa pareille en France, au jugement même du Roy et de tous les princes qui l'ont vue ;
qui était si chargée d'aultres gentilshommes, damoiselles

et habitants de la ville, que l'on ne s'y pouvait quasi tourner, encore qu'elle soit grande et spacieuse ; mais le tout avec une telle joye et allaigresse qu'elle ne se peut exprimer. — En entrant dans le chasteau avec toute cette troupe, M. de Vieilleville trouva Monseigneur l'Evêque de Dol, son frère, qui l'attendait pour le recevoir à bras ouverts ; lequel sortant d'une grosse maladie, dont il était encore fort faible, se sentit tout réconvalescé de cette veue. Tout le mois d'aoust et environ douze jours en septembre se passèrent en telles fêtes et visites et estaient les compagnies si alternatives que, quand les unes se retiraient, il en revenait d'aultres ; de façon que durant tout ce temps, jamais la maison ne fut sans survenant et grande affluence de noblesse. »

Dorénavant la vie entière du Maréchal se passa au service du Roy et de son pays, illustrant partout son nom par ses exploits soit en Gascogne, soit en Allemagne.

Au retour d'une de ses expéditions lointaines et si pénibles, vu la difficulté des voyages, c'était en 1556, se trouvant malade, le Maréchal chercha pendant huit mois dans son cher Durtal, à se rétablir de « tant de méde- « cines, purgations, cauthéries, saignées et scarrifi- « cations, qu'il avait reçues de toute une rabouillère de « médecins. »

Il n'était pas au bout de sa noble carrière ; nous ne pouvons le suivre dans toutes les phases glorieuses de sa vie. Il était au siège de Saint-Jean-d'Angély en 1567. Après la pacification, de Vieilleville se rendit dans sa terre pour y célébrer la fête de Noël, et prendre encore du repos. Il commençait à vieillir ; à soixante ans passés, toujours en haleine, son corps si robuste succombait sous les travaux des champs de bataille. En même temps, son âme non moins bien trempée, fléchissait sous la tristesse et le souci que lui donnaient les discordes religieuses avec les protestants. La guerre civile, que sa main loyale avait pu comprimer un instant après la pacification d'Amboise, croissait de nouveau en acuité, sans qu'on pût en prévoir la fin, et il était à craindre qu'elle n'entraînât le royaume à sa ruine. Comment ce grand cœur s'en serait-il consolé ? — En 1565, le 9 novembre [1], son jeune Roy, Charles IX, était bien venu à Durtal le féliciter et l'encourager, mais l'honneur de cette visite ne lui suffisait plus. Il lui fallait du repos, un repos prolongé parmi les siens, dans ce magnifique château, superbement posé aux bords riants du Loir si tranquille dans son cours, en face d'une plaine verdoyante, au milieu d'une population calme et sympathique envers son grand bienfaiteur.

Enfin en 1571, le Roy et Catherine de Médicis, les deux ducs d'Anjou, presque tous les princes à la fois, et la Cour à leur suite, séjournèrent plus d'un mois au château de Durtal, retenus surtout par la chasse dans la forêt de Chambiers, « une des plus vives pour le fauve [2]. » Pendant le séjour de leurs Majestés, ainsi que le raconte du Paz, « le Maréchal festoyant la Cour, quelques méchants,

(1) Le vendredi 9 novembre, le roi Charles IX accompagné de Catherine de Médicis et de la reine de Navarre, venant de Lézigné passa le Loir au Pont de Durtal et coucha audit lieu, qui est un beau et gros village qui appartient au sieur de Vieilleville auquel lieu le roi séjourna deux jours et en partit le lundi pour aller dîner à Jarzé ». (Relation du temps touchant le voyage de Charles IX, en Anjou en 1565. Cf. *Semaine Religieuse*, 14 juin 1908).

(2) Charles IX était un grand chasseur. Pendant son séjour au château de Durtal « le 21 octobre 1571, il suivit un cerf qu'il avait levé en la forêt de Chambiers jusqu'en Bressigny (Angers) et la forêt de Belle-Poule » (Les Ponts-de-Cé), dont les ramifications couvraient encore la vallée et s'étendaient jusque vers la Ménitré et Beaufort.

« Etant pressé de la nuit, il vint loger et coucher au château des Ponts-de-Cé, où le lendemain derechef il chassa en ladite forêt de Belle-Poule et revint coucher audit château, d'où il s'en alla le lendemain à Briançon et à Durtal. » *Revue d'Anjou*, 1854, t. II, p. 2.

« jaloux du bon visage et de l'amitié que lui portait à
« bon droit son maître, et des faveurs et familiarités,
« dont il usait à son endroit, le dernier jour de novem-
« bre 1571, le firent empoisonner et mourut douze
« heures après que le poison lui fut donné, toute la Cour
« étant à Durtal. » Du Paz ajoute : « Le Roy et mes-
« dames les Reines en portèrent beaucoup de déplaisir,
« en ayant un très grand sujet pour avoir perdu, et tout
« le royaume, son très fidèle serviteur et vraie base de
« la Couronne, fort zélé à l'honneur et au service des
« Rois, n'y épargnant ni ses moyens, ni sa vie. Homme
« de bien, s'il en fut, il ne permettait jamais aucune
« méchanceté, ni abhorrait rien tant que la trahison.
« Ainsi (ces scélérats) lui firent par détestable et dam-
« nable moyen rendre son âme à Dieu, après avoir servi
« quatre Rois... Il vit maintenant dans le Céleste
« manoir. Amen ! »

On accusa tout bas, mais sans preuves, la Reine de
cet attentat. Est-ce certainement une calomnie ? On ne
le saura jamais. La mauvaise réputation de Catherine
de Médicis lui a valu, plus que toute raison, cette
imputation infamante.

On a dit aussi qu'à la table au Roi, dans la forêt de
Chambiers, le Maréchal reçut les confidences du complot
de la Saint-Barthélemy. Son refus d'y participer aurait
été la cause de son empoisonnement. La confidence faite
en fin de novembre 1571, d'un complot si terrible, et à
si longue échéance, puisque la Saint-Barthélemy n'eut
lieu que le 24 août suivant (1572), n'est nullement vraisemblable.

De son mariage avec Renée Leroux de la Roche-des-
Aubiers, dame de la Tour de Menives il n'avait eu que
que deux filles, dont l'aînée Marguerite épousa Jean
d'Espinay, seigneur de Segré.

Le maréchal de Vieilleville fut inhumé dans l'église Notre-Dame de Durtal auprès de l'autel, du côté de l'évangile. Son corps fut mis dans un cercueil, mais son cœur fut embaumé et renfermé dans une boîte en plomb, puis placé en terre à côté du corps. En 1908, le cœur est conservé dans le caveau de la chapelle du Bois-Guinot, commune de Bécon. Cette chapelle est le lieu de sépulture des Scépeaux. M. du Joncheray, époux de la dernière des Scépeaux, alla à Durtal réclamer le cœur retrouvé en 1863. Il l'obtint avec l'autorisation du Préfet de Maine-et-Loire. Madame du Joncheray habite actuellement le château des Grandes-Maisons, commune de Pruillé, près Le Lion-d'Angers.

Les poumons du maréchal retrouvés auprès de son corps sont, dit-on, conservés à l'Université Catholique d'Angers. M. du Joncheray les aurait laissés à Durtal comme souvenir historique : on croit que M. Guy Destouches, neveu de M Bucher de Chauvigné, grand amateur d'antiquités, se les fit adjuger par le Préfet et qu'il les remit plus tard à l'Université.

Lorsque le tombeau du maréchal de Vieilleville fut découvert, on ne trouva que les restes d'un cercueil en chêne. Il n'y avait nulle inscription, car la pierre tumulaire, brisée depuis longtemps, aurait été employée à construire une cheminée chez un cantonnier.

Il était juste de nous étendre assez longuement sur la vie du plus illustre maître de Durtal.

Achevons maintenant la nomenclature des seigneurs, qui ont après lui possédé le Comté

La fille aînée du maréchal, Marguerite de Scépeaux, épousa un an avant la mort de son père, le marquis Jean d'Espinay. Cette noble personne, dont on a pu dire qu'elle fut « une des plus sages, vertueuses et prudentes dames du royaume », mourut le 18 mars 1603. Voici l'acte authentique de cette mort, conservé à la mairie de Durtal dans le registre des décès de l'église Saint-Pierre. « Le vingt-huitième jour de Mars 1603, Obiit haulte et puissante dame Marguerite de Scépeaux, vivante Marquise d'Espinay, Comtesse de Durestal, Vicomtesse de Blaizon, Baronnesse de Mathefelon, etc.. laquelle décéda dans la Ville de Renes, assistée du révérend Evêque dudit lieu — et fut son corps inhumé à Champeaux en Bretagne ; et le douzième jour d'Octobre, au dit an, son cœur fut enterré en l'église de Notre-Dame de Durestal. Fait les jour et an susdits. Signé : Yves Arrondeau, curé de Saint-Pierre. »

Le cœur inhumé près de celui de son père, ne serait-il pas ce qu'on a supposé être les poumons du maréchal ?

Le maréchal Henri de Schomberg épousa, en 1598, Françoise d'Espinay, fille du marquis Jean d'Espinay. Il était digne de succéder au célèbre maréchal de Vieilleville. Né à Paris, en 1583, d'une famille originaire de Mèsnie en Hongrie, Henri de Schomberg porta d'abord le titre de comte de Nanteuil. Il fit en Hongrie ses premières armes sous le duc de Mercœur, dans les troupes de Rodolphe II. Il revint en France en 1608, fut successivement lieutenant du roi en Limousin, ambassadeur en Angleterre et auprès de diverses Cours d'Allemagne.

En 1617 et 1618 il combat en Piémont pour le duc de Savoie contre les Espagnols. Il est nommé surintendant des finances en 1619, enfin grand maître de l'artillerie. Après avoir repris des places que les Calvinistes avaient conquises en Languedoc et en Guyenne, il devint chef du Ministère en 1621, mais Richelieu l'éloigna en 1624. Rentré en grâce l'année suivante, il fut fait maréchal de France, et il chassa en 1627 les Anglais de l'Ile-de-Ré. Sa carrière militaire et politique ne finit qu'à la bataille de Castelnaudary, en faisant prisonnier Montmorency, auquel d'ailleurs il succéda dans le gouvernement du Languedoc.

Il était devenu en 1598, quand il épousa Françoise d'Espinay, seigneur de Durtal. Quoique plus souvent à

la guerre ou à la Cour qu'en son château, Henri de Schomberg eut à cœur de l'agrandir et de l'embellir Il construisit à cet effet, dans un style différent et très ma-

Aquarelle faite avant 1789.

jestueux, le fameux pavillon de l'Ouest, appelé à bon droit le pavillon Schomberg. De ce côté il embellit l'enceinte du château par ses terrasses princières qui descendent jusqu'au Loir et qui émerveillèrent tant le roi Louis XIII, quand il daigna s'arrêter à Durtal, le 6 Août 1620. Ce bon roi fut reçu avec magnificence par Jeanne de Schomberg, femme de Roger du Plessis de la Roche-Guyon et héritière de son frère Charles.

Disons encore que Henri de Schomberg était non seulement guerrier, administrateur, mais aussi grand seigneur éloquent et magnifique. L'académicien Voiture se faisait honneur d'avoir été déniaisé par ce grand homme, et le janséniste Arnauld d'Andilly lui écrivait avec emphase : Votre vie est une suite de grandes actions.

Henri de Schomberg eut un fils, Charles de Schomberg, qui, étant toujours à la guerre, céda ses droits sur Durtal à sa sœur aînée Jeanne de Schomberg, épouse de Roger du Plessis-Liancourt de la Roche-Guyon. Cette illustre duchesse était née en 1600. Elle cultiva avec succès la poésie, elle parlait plusieurs langues et elle ouvrit sa maison aux solitaires de Port-Royal, tels que Arnauld et Pascal.

Son frère Charles était né en 1601 à Nanteuil. Il fit ses premières armes avec son père. Après qu'il eut battu les Espagnols à Leucate en 1636, il reçut le bâton de maréchal de France. Sa fortune baissa à la mort de Louis XIII; et malgré sa victoire de Tortosa (en 1648) sur les Espagnols, il resta en disgrâce auprès d'Anne d'Autriche et de Mazarin. Deux fois il se marie, en premières noces avec Anne, duchesse d'Halluin, et en secondes noces avec Mlle d'Hautefort. Bossuet, qui du reste était son obligé toujours reconnaissant, lui écrivait : « Il n'y avait à la Cour que votre victoire qui sollicita pour vous. » Une autre fois il lui écrivait encore : « Votre nom n'a jamais paru

qu'en des actes dont la justice est irréprochable. » On cite
aussi du même au même : « Votre piété, c'est votre couronne ». Ce dernier mot fut comme l'oraison funèbre du
Maréchal, qui mourut l'année suivante, 1656.

Jeanne Charlotte du Plessis-Liancourt épousa François
VIII[1] de la Rochefoucault, fils de l'auteur des *Maximes*
et prince de Marcillac et lui apporta la terre de Durtal. Ils

(1) François, comte de la Rochefoucault eut l'honneur de tenir
François Iᵉʳ sur les fonts du baptême et de lui donner son nom ; depuis
lors l'aîné de la famille a toujours été nommé François.

eurent pour fils Alexandre-Louis-Armand-François de la Rochefoucault-Liancourt, dont le fils François-Alexandre Frédéric devait être le dernier seigneur de Durtal.

Ce François-Alexandre de la Rochefoucault, né en 1747, fut Grand-Maître de la garde-robe sous Louis XV et Louis XVI. Député de la noblesse au baillage de Clermont en Beauvoisis, il fut dévoué tout à la fois aux intérêts du roi Louis XVI et aux intérêts de la nation. Il défendit le roi après la malheureuse fuite de Varennes, et fut membre actif du Club des Feuillants. Nommé commandant militaire de Rouen en 1792, il y prépara une retraite pour la famille royale, qui refusa avec la plus généreuse abnégation. Alors, il sortit de France, passa d'abord en Angleterre et ensuite aux États-Unis d'Amérique. Il avait épousé la duchesse d'Estissac.

Nous anticiperons sur les événements pour dire immédiatement tout ce qui concerne ce remarquable seigneur de Durtal.

A son retour en France, c'est-à-dire après le 18 brumaire, M. le duc de la Rochefoucault d'Estissac vendit son château qu'on avait pillé, démoli en partie pendant son absence, et rendu pour lui inhabitable, car toutes les terres lui avaient été enlevées. Il se retira dans sa belle propriété de Liancourt, dans le département de l'Oise, malgré les dégâts que la Révolution y avait aussi faits. Là, il créa une école d'Arts et Métiers, dont il avait déjà donné le modèle en 1780. Cette école fut transportée par l'État, d'abord à Compiègne, puis à Châlons, et de là à Toulouse. Des premiers en France, il fit faire des essais de vaccine. Initiateur aussi intelligent que dévoué, il ouvrit un asile pour les enfants trouvés, créa des manufactures, fournit du travail aux indigents et fut un des patrons de l'enseignement mutuel.

Sous la Restauration, M. le duc de la Rochefoucault

fut créé pair de France : il le méritait à bien des titres. Mais son libéralisme politique déplut au nouveau pouvoir et on le disgracia. Le jour de ses funérailles en 1827, les élèves reconnaissants de l'école des Arts et Métiers voulurent, pour l'honorer et le remercier, porter son cercueil : la police ombrageuse, craignant une démonstration anti-gouvernementale, l'empêcha.

Par cette notice abrégée, on peut voir que Durtal en perdant son dernier seigneur, fit une perte irréparable, et ne gagna rien au changement de régime. Il ne faut jamais oublier les leçons de l'histoire.

Qu'on réfléchisse à ce qu'eût été Durtal sans ces puissants personnages. Malgré son site merveilleusement beau, il n'eût eu ni sa prospérité matérielle, ni son développement, ni sa notoriété, ni ses agréments. La ville fût restée aussi restreinte que les bourgs environnants, privée comme eux de communications et, par suite, de commerce.

Voyons ce que furent sous leur patronage les quatre paroisses de Durtal : Gouis, Saint-Pierre, Saint-Léonard et Notre-Dame.

GOUIS

La plus ancienne paroisse de Durtal, disons même, la mère des trois autres, ce ne fut pas Notre-Dame, aujour_

d'hui la plus importante, mais Gouis. Dès 1077, les archives d'Anjou nous parlent de Guilcium ou Guttilium, ou Guilz, Goiz et Goizium, noms anciens de Gouis.

La paroisse de Gouis est antérieure de plus de cent ans aux paroisses de Notre-Dame de Durtal et de la Chapelle-d'Aligné. Celles-ci ont été séparées de leur mère au XI⁰ siècle. L'église de Gouis, fondée en l'honneur de saint Gervais et saint Protais, appartenait à un chevalier de renom, Hubert de Champagne, à qui, comme nous l'avons déjà vu, Geoffroy Martel donna Durtal, et qui laissa le domaine de Gouis à son épouse Agnès de Mathefelon. Agnès, s'étant remariée, acquitta les intentions de son premier mari, en gratifiant les moines de Saint-Aubin d'Angers, récemment réformés, de l'église mère de Gouis et de la nouvelle église Notre-Dame, enclavée dans le château de Durtal, vers 1059.

A dater de cette époque, Gouis devint le rendez-vous d'une foire annuelle : car sa position sur la grande route de Paris et sur la rive droite du Loir était très favorable au commerce. Les moines y avaient leur prieuré attenant à l'église, entre celle-ci et la rivière, dans le terrain occupé aujourd'hui par les bâtiments d'une usine à papier, fondée en 1820 par M. Lentaigne, transformée en 1837 par M. Bilbille et plus tard tout à fait rétablie par le même industriel en 1846, auquel M. Genest succéda en 1894.

Les moines autorisés par le seigneur de Montsoreau, suzerain du fief de Gouis, y créèrent un bourg, avec toute franchise pour tout venant, les étagers de Durtal exceptés ! Y avait-il déjà une certaine rivalité ou antipathie entre les deux proches voisins ? Quoi qu'il en soit, le domaine du prieuré devint bientôt un des plus riches de l'abbaye de Saint-Aubin qui, dès le XII⁰ siècle, y entretenait quatre clercs. Malgré cela, dans la suite des temps, le service religieux était déchu de son ancienne importance et l'église de Gouis n'était plus qu'une simple desservance, attachée encore aux paroisses de Notre-Dame et de la Chapelle-d'Aligné, primitivement ses fillettes. Les curés s'y transportaient à leur tour ; plus tard ils y établissaient chacun un vicaire, en lui abandonnant avec la portion congrue, les dîmes vertes et le casuel. L'un deux, Mathieu Brunet, y fut tué d'un coup d'arquebuse sur le seuil de sa porte, le 8 septembre 1628. L'histoire ne dit pas quels en furent l'auteur et la cause.

Une ordonnance de l'évêque d'Angers, Michel Poncet de la Rivière, en date du 17 juillet 1719, sans attribuer à ces desservants le titre de curés, les rendit indépendants les uns des autres, nonobstant la réserve d'un arrêt du Parlement du 24 mars 1780, suivant les anciennes coutumes, mais sans effet. — Le dernier curé de Gouis dans le xviiiᵉ siècle, Edme-Philippe Goujon, était à la fois desservant et maire de Gouis en 1790.

Du prieuré de Gouis, qui bientôt devint commendataire, dépendaient les closeries de Ballée, du Pressoir, de la Grange et surtout d'importantes rentes et revenus fiscaux sur les étaux des marchands et les bateaux de sel montant en Loir ; en outre, le droit de prendre le douzième pain de seigle, le vingtième pain de froment au four banal ; droit de conférer les écoles de Durtal et de la Chapelle-d'Aligné, d'examiner les maîtres et d'exercer toute justice, sauf les trois grands cas réservés à l'autorité supérieure. Le prieuré devait faire présenter au château de Durtal, les jours de Noël et de Pâques, deux échaudés et six pintes de vin par deux hommes, dont un adolescent chaussé seulement d'escarpins.

Voici la liste des prieurs de Gouis dont le nom est parvenu jusqu'à nous :

Jean de Clers, en 1517. — René Arnauld, signalé par

Louvet parmi les huguenots fugitifs en 1562. — Michel
de Chelu, en 1604. — Pierre Breslay, en 1640. — Claude
Boistard, en 1665, qui permuta contre le prieuré de la
Chapelle-sous-Doué. — René Courault, abbé d'Asnières-
Bellay, le 30 mars 1666.

Pendant la peste de 1625, qui fit tant de victimes pendant 3 ans dans nos contrées, on ne trouva à Gouis
qu'une seule femme, la veuve Lemoine, pour enterrer les
pestiférés, autour de la Croix de la Boderaie.

Après 1791, Gouis devint une section de la commune
de Durtal. La séparation des deux paroisses est restée la
même qu'avant la Révolution : elle est faite par le bras
droit de l'Argance, après sa bifurcation.

Description de l'église paroissiale de Gouis en 1908

Cette église, qui n'a de remarquable au point de vue
architectural que son portail, a 34 mètres de longueur
sur 8 mètres de largeur à l'intérieur. La nef est simple
et au transept elle forme une croix. Le chœur est petit,
de forme romane. Au 5 nivôse an XIII, elle a reconnu
pour son vrai patron saint Julien, évêque du Mans, et
apôtre de la contrée au iiie siècle. Les murs, sans décors,
sont plâtrés. La voûte est en lambris ogival en bois, sans
peinture. A l'entrée du transept se trouvent deux petits
autels avec rétables, placés en biais. L'autel principal est
en bois peint, avec quelques dorures : il ne peut être
plus modeste. Cette partie de l'église est dominée par le
clocher en pierre du xiie siècle, dont presque toutes les
baies sont emmurées ou refaites. A l'entrée de l'église se
trouve un bénitier de marbre noir, donné le 2 mai 1675
par Julien Buon, ainsi que l'indique une inscription
sculptée à l'entour de la cuve. A l'extérieur, le portail a
été refait avec goût, par l'architecte Bibard, d'Angers, en
1873. On a en effet conservé fidèlement l'archivolte

románe aux dents de scie et tous les détails primitifs de cette époque reculée ; même sur les deux côtés on voit les murs en petit appareil noyé dans le ciment. Les cloches actuelles au nombre de trois ont été achetées par M. Bernier, curé, en l'année 1883, au moyen d'une souscription paroissiale. Leur son et leur accord est parfait. Elles sortent des ateliers Bollet, du Mans.

Le prieuré, englobé dans l'usine actuelle, a été transformé en bâtiment de décharge ; il présente à sa porte un entablement du XVIe siècle, reposant sur deux jambages du XIe siècle, ornés d'entre-lacs et de pointes de diamant.

Le bourg de Gouis est en grande partie habité par une centaine d'ouvriers, qui travaillent à la papeterie et qui viennent de différents départements.

Entre Durtal et Gouis se trouvent trois fours à chaux établis en 1845, mais aujourd'hui sans grande activité. Les coteaux de Gouis donnent de bons vins rouges. L'espace d'un kilomètre, qui suit le Loir, est en culture variée et sans constructions jusqu'au pont de Gouis, jeté au XIVe siècle sur la rivière d'Argance. En suivant le chemin qui mène à Durtal on passe auprès de l'ancien cimetière abandonné. Sur la grande route de la Flèche, et, à égale distance de Durtal et de Gouis, se trouve le nouveau cimetière, commun aux deux paroisses.

Gouis a une école pour les filles dirigée par les religieuses de Saint-Charles d'Angers ; un instituteur laïque dirige l'école des garçons.

Le presbytère nouveau de Gouis a été bâti, en 1845, aux frais du curé, M. Jean Fourreau ; il le donna à la commune à la condition qu'elle en ferait tous les frais d'entretien, et qu'elle y logerait tous les curés successifs.

Voici la liste exacte des curés de Gouis depuis 1790.

1. — M. Maupoint, qui signe avec MM. Leleu et Carnot,

comme administrateur de l'hôpital en 1788, avec la mention de desservant de Gouis

2. — M. Edme-Philippe Goujon, en 1791. Voir ci-après sa notice biographique.

3. — M. Poirier ; du 2 avril au 14 juillet 1800 ; il baptisa 108 enfants, presque tous nés pendant la terreur.

4. — M. Pothery, prêtre catholique insermenté, ainsi qu'il signe les actes de baptême de 10 enfants.

5. — M. J. Levacher, desservant depuis le 7 septembre 1800 jusqu'à fin de décembre 1802.

6. — M. Esnault, desservant de décembre 1802 à décembre 1810.

7. — M. Dreux, prêtre réconcilié, du 20 juin 1811 au 2 mars 1824.

8. — M. Jean Fourreau, desservant de mai 1824 à fin d'août 1869.

9. — M. Bernier, du 1er septembre 1869 à septembre 1890.

10. — M. Berçant, de septembre 1890 à janvier 1891.

11. — M. Pouponneau de 1891 à mai 1895.

12. — M. Ernest Remouet, mai 1895, mort 8 7bre 1902.

13. — M. Jean-René Robineau, avril 1902.

Notice sur M. Edme Goujon

M. Edme-Philippe Goujon, né le 21 août 1751, fut du nombre des vaillants pasteurs qui refusèrent de prêter serment à la Constitution civile du Clergé, à l'encontre de M. Dreux son vicaire qui apostasia. Dès le mois de février 1791, le département recevait des patriotes de Durtal une dénonciation contre M. Goujon, qui prétendait avec raison que des prêtres assermentés ne pouvaient pas administrer validement les Sacrements. Le département répondit qu'il fallait faire constater les faits d'une manière juridique. Le 5 mai, les ennemis du curé

de Gouis revenaient à la charge et, par l'organe de la
municipalité de Durtal, avisaient le district de Châteauneuf que, sur sept prêtres résidant sur leur territoire,
trois seulement avaient juré, les quatre autres fanatisaient le peuple, mais particulièrement M. Goujon, qui
défendait de se confesser au nouveau curé constitutionnel de Daumeray, M. Dreux, son ancien vicaire. Dès
le début de 1791, il y avait eu en effet, à Durtal, une
société populaire, c'est-à-dire, de dénonciateurs. Un mois
après, ceux-ci remportaient enfin la victoire : dans la nuit
du 6 au 7 juin, le curé de Gouis fut arrêté par les cavaliers de Royal-Cravatte et les gardes nationaux du district ; puis il fut conduit en prison à Châteauneuf.

Le 18 juillet, le tribunal du district le condamna à être
banni, pendant cinq ans, à dix lieues de sa paroisse. Le
jugement prononcé, M. Goujon se rendit d'abord chez
lui. Mais le 27 juillet, il y eut une réunion extraordinaire
du Conseil municipal, où le maire exposa qu'il avait appris
que le sieur Edme Goujon venait d'arriver à Durtal,
après « avoir reçu son jugement du tribunal du district
« de Châteauneuf, où a été détenu.. ; que son arrivée fait
« et occasionne une rumeur populaire ; qu'il est instant
« de le faire partir, ou mettre sous la sauvegarde de la
« municipalité et de la garde Nationale, pour éviter les
« suites funestes que son séjour en cette ville et au bourg
« de Gouis pourrait occasionner ; qu'il est instruit que
« MM. les juges du tribunal lui ont permis dix jours, pour
« vaquer à ses affaires domestiques ; que vû cette per-
« mission, les citoyens de cette ville *paraissent* en
« rumeur et disent tous, d'une même voix, qu'il est
« temps que la municipalité prenne toutes les mesures
« convenables pour la tranquillité publique, que son avis
« serait que le dit Goujon serait gardé par une garde
« commandée à cet effet, et qu'il en serait écrit à

« MM. les administrateurs du Directoire du district pour
« les prévenir de l'arrestation du dit sieur Goujon. »

« L'avis adopté et M. Goujon voyant que son séjour
« en cette ville devenait de plus en plus dangereux, à
« ce moyen, il nous a produit le certificat dont la teneur
« suit : « Je soussigné, Edme-Philippe Goujon, prêtre,
« attendu la rumeur populaire qui s'est faite à mon
« arrivée à Durtal, et désirant maintenir la paix publique,
« renonce à me servir du sursis de dix jours qui m'était
« accordé par le tribunal du district de Châteauneuf, le
« 21 de ce mois, pour vaquer à mes affaires domes-
« tiques... ; et consens à n'en tirer aucun effet et avan-
« tage, en quelque temps que ce soit, déclarant me rendre
« incontinent au canton de Bourgueil, distant au moins
« de douze lieues de Durtal. — Signé : GOUJON, prêtre. »

M. Goujon se réfugia donc dans le canton de Bourgueil,
alors du département de Maine-et-Loire, aujourd'hui du
département d'Indre-et-Loire, après avoir revu ses paroissiens de Gouis pendant quelques heures. Ces derniers,
désolés de l'absence de leur curé, s'adressèrent au département et lui présentèrent la pétition suivante : « Nous
« prenons la liberté de vous adresser les vœux unanimes
« de la paroisse de Gouis, qui vous supplie instamment
« de lui rendre son pasteur, M. Goujon, qui n'a mérité
« ce juste retour d'estime, de confiance et d'attachement
« éternel de la part de ses paroissiens, que par son zèle
« infatigable à leur procurer tous les secours, toutes les
« instructions et toutes les œuvres de bienfaisance et de
« charité de son ministère. (L. 365.) »

Le Département regarda la pétition comme non avenue, mais l'amnistie du 14 septembre 1791 ne tarda pas
à combler les vœux des paroissiens, qui revirent avec le
plus grand bonheur leur bienfaisant Curé. Quand arriva
l'arrêté du 1er février 1792, enjoignant à tout prêtre non-

conformiste de se rendre au chef-lieu du département, M. Goujon obéit. Il quitta Gouis le 10 février et alla demeurer à Angers, chez Mlles Turpin, cloître Saint-Laud. Ensuite il fut interné au Séminaire en même temps que les autres prêtres non assermentés, le 17 juin 1792 ; puis, embarqué à Nantes sur le navire *La Didon*, il partit pour l'Espagne, exilé avec ses confrères fidèles, le 12 septembre même année. Après de cruelles souffrances provenant de privations inouïes, M. Goujon revint en 1800 non pas à Gouis, mais au Plessis-Macé pour en être le desservant. Au moment de la réorganisation du culte, Mgr Montault le confirma dans ce poste ; et le confesseur de la Foi y mourut le 16 février 1808, âgé de 57 ans.

Notice sur M. Jean-Urbain Esnault

Le 11 messidor an XII, on délivra à M. Esnault, curé de Gouis, un certificat d'existence et de non émigration.

« Nous, maire et adjoint..... sur l'attestation de
« MM. Ferdinand Henry, serrurier, René Lefèvre, perru-
« quier et Pierre Davy, sellier, tous les trois domiciliés
« dans cette commune, et que nous déclarons bien connaî-
« tre, certifions que Jean-Urbain Esnault, prêtre desser-
« vant de Gouis en cette commune, né dans la commune
« de Bessé en ce département, le 30 novembre 1758 ;
« (taille 1 ^m 664, cheveux et sourcils châtains, yeux
« roux, nez moyen, menton rond, front rond, visage
« ovale, et pour marque distinctive, une cicatrice à l'œil
« gauche), est vivant pour s'être présenté ce jour devant
« nous, et qu'il réside en France, depuis le 9 mai 1792
« jusqu'à ce jour sans interruption. en foi de quoi ont
« signé : Esnault, curé ; Briand, maire.

Notice sur M. Jacques Dreux

M. Jacques Dreux, né à Baugé le 3 août 1757, était vicaire à Gouis au moment où éclata la révolution. Le

12 février 1791, il prêta le serment constitutionnel, et le 22 mars suivant il fut élu curé constitutionnel de Daumeray, par les électeurs du district de Châteauneuf. Le 29 mars, l'élection schismatique fut approuvée par l'évêque intrus de Maine-et-Loire, Hugues Pelletier, et le 8 mai M. Dreux prenait possession de la paroisse de Daumeray.

A la fin de janvier 1792, il quitta Daumeray pour devenir vicaire de Durtal; ce n'est que plus tard qu'il redevint vicaire de Gouis.

M. Dreux prêta le serment de liberté et d'égalité le 25 septembre 1792. Dans cette triste voie du schisme, M. Dreux fit un pas de plus, car le 23 mars 1794 il remettait ses lettres de prêtrise à la municipalité de Durtal, qui lui délivra, en retour, un nouveau certificat de civisme, le 5 septembre suivant. A la fin, M. Dreux reconnut qu'il s'était trompé, il se rétracta de ses erreurs au mois d'avril 1797, et dès lors il recommença à exercer légitimement le culte à Durtal. En effet, le 11 mai de cette année, l'agent exécutif du canton de Durtal écrivait au département : « Il y a environ un mois, le sieur Dreux, « ex-curé constitutionnel de Daumeray, résidant ici, se « rétracta publiquement avec toutes les formalités de la « rétractation. Il déchira ses habits, se frappa la poitri-« ne; prosterné contre terre, il renonça aux lois de « la République. Il a rempli pendant un mois les péni-« tences les plus dures, et enfin aujourd'hui, comme « l'Agneau sans tache, le voilà le bien-aimé de nos « dévotes.» (V. L. 255.) Avec le sarcasme sans-culottide en plus, c'était la vérité. M. Dreux s'était soumis à l'autorité épiscopale légitime représentée par M. Meilloc, administrateur ecclésiastique du diocèse d'Angers pendant les troubles de la Révolution.

Le coup d'État du 18 fructidor força M. Dreux d'abandonner Durtal ; mais en 1800 nous le trouvons desservant de Brain-sur-Longuenée, où il resta jusqu'en 1811. Le 31 avril de cette année, il était nommé curé de Gouis. C'est là qu'il mourut le 10 mai 1824, âgé de 67 ans moins 3 mois.

Nous lisons dans les archives municipales, au 6 février 1791, un certificat de M. Delhumeau, maître chirurgien, attestant que M. l'abbé Dreux, vicaire de la paroisse de Gouis, avait l'intention de prêter le serment. L'abbé Dreux s'étant trouvé indisposé et hors d'état de remplir l'obligation, le conseil municipal a demandé un certificat à M. Delhumeau, attestant que « M. Dreux, vicaire de la « paroisse de Gouis, est maintenant tenu au lit, par « raison de coliques nerveuses, et d'épigastrie, maladie « à laquelle il est très sujet. » Il se trouve mieux, et « le « 12 du même mois, dit un procès-verbal, sur les 10 heu- « res du matin, le Conseil général, assemblé en la cham- « bre de l'Hôtel commun de cette ville, s'est rendu en « corps en l'église de Gouis, en vertu de la déclaration « fournie par M. l'abbé Dreux, vicaire de la dite paroisse, « de son intention de prêter le dit serment, requis par « le décret de l'Assemblée nationale du 7 novembre der- « nier, accepté par le roi, où étant à l'issue de la grand'- « messe paroissiale, ledit abbé Dreux a juré d'être fidèle « à la nation, à la loi et au roi, de maintenir de tout son « pouvoir la Constitution décrétée par l'Assemblée natio- « nale, et acceptée par le roi, de veiller sur les fidèles qui « lui sont ou lui seront confiés, comme de remplir avec « exactitude les fonctions de son ministère, duquel ser- « ment il a requis acte, que nous lui avons octroyé, et « sur-le-champ nous nous sommes retirés et avons rédigé « le présent acte.... Ont signé : DREUX, vicaire de Gouis, « JARPHAGNON, L. BERRUYER-TROCHERIE, etc. »

Le 4 frimaire, an II, les citoyens.......... et Jacques Dreux, demandent, pour exercer leur ministère, un certi-

ficat de civisme, suivant la loi. On le leur accorde à
l'unanimité.

Texte de l'abdication de M. Dreux

« Aujourd'hui, 3 germinal an II, s'est présenté le
« citoyen Jacques Dreux, ci-devant vicaire de cette *com-*
« *mune*, lequel a déclaré abdiquer l'état ecclésiastique, et
« qu'il y renonce entièrement ; pour cet effet, il nous a
« remis un extrait de sa nomination, par procès-verbal
« des électeurs du district de Châteauneuf, à la cure de
« Daumeray, le dimanche 20 mars 1791, et l'approbation
« de l'évêque d'Angers (intrus) en date du 29 susdit
« mois, signée Hugues Pelletier, et la prise de posses-
« sion à ladite cure, en date du 8 mai, au dit an ; et à
« l'égard de ses autres lettres de prêtrise, il a déclaré ne
« les point avoir ; mais que, s'il venait à les retrouver, il
« les remettrait au greffe, et a signé : DREUX ». Signalement : Jacques Dreux, âgé de 36 ans, taille de 5 pieds
2 pouces, cheveux et sourcils châtains, front large, visage
allongé, nez long, yeux bleus, bouche moyenne, menton
rond. — La dernière signature de Dreux, vicaire à Durtal est du 7 janvier 1793.

SAINT-LÉONARD.

Eglise et Prieuré de Saint-Léonard

Le prieuré-cure de Saint-Léonard constituait dans Durtal une autre paroisse, située à l'opposé de Saint-Pierre, sur la rive gauche du Loir. La terre, fief et seigneurie de Saint-Léonard, en 1530, comprenait la susdite paroisse. Ce ne fut d'abord qu'un faubourg relié à la ville par un pont de bois, mais qui se trouva délaissé quand un nouveau pont en pierres fut construit en 1550.

L'an 1434, Hervé Errault de Chemens en fut le maître par acquêt des seigneurs de Durtal. Par droit de réméré, exercé en 1530, 12 décembre, le fief leur fit retour.

La paroisse Saint-Léonard avait été constituée précédemment (1096 à 1098), sur l'instance du seigneur Hubert de Champagne, par l'abbé du monastère de Saint-Serge d'Angers, devant le pont du château. Pour attirer à l'entour les habitants dispersés sur la rive gauche du Loir, Hubert concéda, outre de nombreux privilèges, le droit, pour tous les colons, de chasser, de détruire les lapins et lièvres qui dévastaient la contrée.

La révolution française ferma l'église en 1790, puis la renversa si complètement qu'on pouvait à peine en montrer en 1900 l'emplacement. Le prieuré y était accolé. De même manière et pour la même cause, disparut la chapelle voisine, dédiée à Sainte-Madeleine, qui mesurait 32 pieds de long sur 24 de large. Il n'en reste pas trace.

Une partie du cimetière de Saint-Léonard s'appelait le cimetière des Normands. Pourquoi ? Cela, sans doute, vient de ce que, au temps de l'invasion de la France par les hommes du Nord, ceux-ci en grand nombre ont remonté le Loir jusqu'à Durtal, y ont séjourné et y sont morts. Quoi qu'il en soit, puisque les chroniques se taisent sur ce point, on mit à jour en 1740, dans ce lieu, de nombreux tombeaux de pierre, contenant avec les corps, des vases, du charbon et diverses monnaies. Aujourd'hui encore, il se passe peu d'années sans qu'on ne découvre, en béchant à côté de la poterie et du haut-fourneau de Saint-Léonard, de nombreux squelettes.

Ce faubourg avait la plupart des hôtelleries, réservées aux voyageurs stationnant à Durtal ; on se souvient, après cent ans, de l'hôtel des Trois-Rois-Mages, grand logis vis-à-vis de la fontaine.

Voici la liste des prieurs-curés de Saint-Léonard de 1467 à 1791 :

1. — 1467. Mathieu Badier ; dès cette année il passe de Saint-Léonard au prieuré de Sainte-Colombe de la Flèche.

2. — 1467. Etienne de la Croix, résigne son titre.

3. — 1469. 27 août Robert Escorchart.

4. — 1510. Ludovic Leblay, échange pour l'office de maître-sacriste à Saint-Serge.

5. — 1538. Antoine Errault.

. . . .

6. — 1617. Antoine Bazot.

7. — 1636. Isaac d'Hostel.

8. — De xxx à 1697. Jean Levesque ; meurt à Paris, le 5 janvier 1697, âgé de 85 ans ; est inhumé dans son église le 18 août.

9. — 1698. François Chaudet ; meurt à 82 ans, le 18 mars 1735.

10. — 1730. G. Androuin.

11. — 1770 à 1791. Jean-François Carnot, proche parent du grand Carnot, organisateur de la victoire. Jean-François Carnot fit serment pendant la Révolution, puis il se rétracta, et fit fonction de vicaire à Notre-Dame de Durtal jusqu'à sa mort, arrivée dans le château en 1814. Il sera question de lui plus loin.

SAINT-PIERRE DE DURTAL

Une troisième église de Durtal, et la plus importante assurément, fut l'église Saint-Pierre. Il importe de ne pas laisser périr son souvenir.

On ne voit pas, dans les archives, l'origine précise de Saint-Pierre de Durtal, qui pourrait bien, après Gouis,

Entrée de l'Eglise Saint-Pierre.

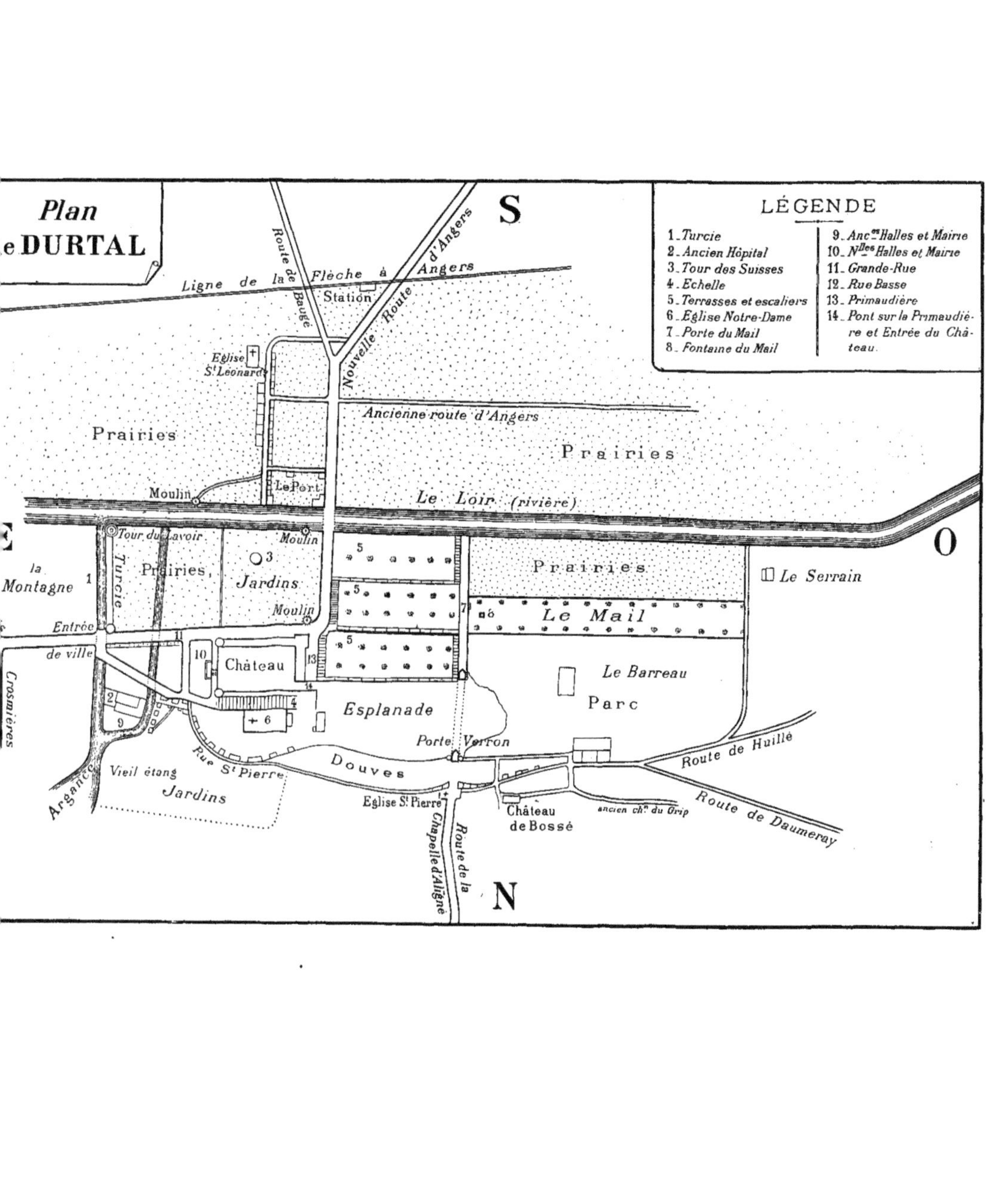

Plan
e DURTAL
S
O
E
N
LÉGENDE
1 _ Turcie
2 _ Ancien Hôpital
3 _ Tour des Suisses
4 _ Echelle
5 _ Terrasses et escaliers
6 _ Eglise Notre-Dame
7 _ Porte du Mail
8 _ Fontaine du Mail
9 _ Anc.nes Halles et Mairie
10 _ N.lles Halles et Mairie
11 _ Grande-Rue
12 _ Rue Basse
13 _ Primaudière
14 _ Pont sur la Primaudière et Entrée du Château
Route de Baugé
Ligne de la Flèche à Angers
Station
Nouvelle Route d'Angers
Eglise St Léonard
Prairies
Ancienne route d'Angers
Prairies
Moulin
Le Port
Le Loir (rivière)
Tour du Lavoir
Moulin
3
Prairies
Jardins
Prairies
Le Serrain
la Montagne
Turcie
Moulin
Le Mail
Entrée de ville
10
Château
Esplanade
Le Barreau
Parc
Crosmières
2
9
6
Porte Verron
Route de Huillé
Rue St Pierre
Douves
Argancé
Vieil étang
Jardins
Eglise St Pierre
ancien ch. du Grip
Route de Daumeray
Château de Bossé
Chapelle d'Aligné
Route de la
N

avoir été l'église primitive du pays circonvoisin. La cure de Saint-Pierre se maintint à la présentation du grand archidiacre de Saint-Maurice d'Angers et à la collation de l'évêque. Son ressort, qui commençait devant le château Bosset, se terminait au puits des halles. embrassant le bas du château seigneurial, et même les écuries.

La cure, ou presbytère de Saint-Pierre, se trouvait à l'endroit où l'on a bâti l'école des garçons. Le cimetière de Saint-Pierre était situé encore plus haut sur le coteau et du même côté.

L'église de la paroisse Saint-Pierre, démolie par suite d'incurie, le 14 décembre 1856, était moins grande que celle de Notre-Dame, mais elle était d'un bon style, plus gracieuse, plus ornée et surtout plus aimée des habitants de Durtal. Elle n'était guère située qu'à trois cents mètres de celle de Notre-Dame. La façade regardait le Nord-Ouest et bordait la route conduisant à la Chapelle-d'Aligné ; le sanctuaire était placé au Sud-Est et le flanc opposé au presbytère regardait une place et le chemin conduisant à Daumeray, chemin qu'on appelle la rue Saint-Pierre. Entre cette place et l'église régnait un talus en terre maçonné, haut de deux mètres au moins, et profond de trois mètres. Ce talus appuyait dans ses fondations le mur du midi de l'église. Par ce côté, à la hauteur de l'entrée du sanctuaire, une petite porte s'ouvrait latéralement dans l'église ; on y accédait par un escalier en cailloux mal joints, peu large et de douze marches environ soutenues par le talus. A cette place on voit aujourd'hui la cour de la maison Legendre.

Pour entrer dans l'église par la grande porte, il fallait gravir un large escalier d'une dizaine de marches, formant perron au pied de la façade. Celle-ci présentait une grande porte d'entrée, et au-dessus, dans le pignon, une belle fenêtre de style ogival XV" siècle, à deux baies couronnées d'une rosace, qui éclairait largement la nef.

En entrant dans l'édifice, une seule nef se présentait aux regards. Le mur du fond n'avait pas d'ouvertures, il était plat et contre lui s'appuyait un beau rétable en marbre, au pied duquel l'autel principal se dressait avec grâce. La voûte était en bois et de forme ogivale, qui se subdivisait en douze caissons ornés de peintures représentant des anges ailés portant les attributs de la Passion. Ces caissons eux-mêmes alternaient avec des panneaux aux armes de France. Les murs latéraux n'avaient d'autre décoration que trois fenêtres de chaque côté, d'un style de transition, peu hautes et peu larges.

En avant du sanctuaire, étaient placés de biais deux petits autels, l'un à droite, dédié à la Sainte Vierge, l'autre à gauche, dédié à saint Jean-Baptiste, suivant la disposition des petits autels de Gouis. Sur cette partie de l'église s'élevait le svelte clocher où, avant la révolution, se balançaient deux fort belles cloches. Le clocher, d'aspect si gracieux dans le paysage qui l'encadrait, était bâti en charpente recouverte d'ardoises dans toute sa hauteur.

Au retour de la paix sociale, jusqu'à la destruction de cette église, on s'en servit encore pour faire le catéchisme aux enfants des communions, pour y faire station aux processions, surtout à celles du Saint-Sacrement, et non plus, comme en 1792 pour en faire le temple de la déesse Raison, ou pour y entasser de force des enfants et des femmes coiffés de la cocarde révolutionnaire, avec la tâche journalière d'y fabriquer avec du charbon de bois de bourdaine (fusain) de la poudre à canon.

Comment, en pleine paix, ce monument si cher aux Durtalois a-t-il disparu ? En 1856, le maire de Durtal voulut élargir, dans cet étroit carrefour, la petite place ; et pour cela fit enlever les terres d'appui du mur de l'église. Peu à peu le mur se dégrada et, miné par les pluies dans ses fondations, s'écroula avec fracas et tout d'une pièce, un dimanche matin. Le reste de l'église résista à l'ébranlement. mais on ne jugea pas à propos de réparer le malheur, on préféra l'achever. En démontant le gentil clocher, un couvreur imprudent se tua. Longtemps à Durtal on parla de cette mort du sieur Gillet.

Actuellement, l'emplacement de l'église Saint-Pierre est devenu une partie de l'école primaire des garçons, et le reste forma une portion de la place située au-dessous. Enfin, là où était le sanctuaire, sont les écuries de l'hôtel voisin ! Tristes conséquences d'insouciance administrative et de calculs mesquins.

Pour tout dire, cette destruction ne fut pas sans pillage, et surtout on ne sut jamais ce que devint la petite cloche qui, depuis le Concordat, remplaçait les deux anciennes, confisquées par le gouvernement révolutionnaire en 1792.

Liste des curés de Saint-Pierre de Durtal depuis 1437 à 1792

1. — 1437 à 1441. Guillaume Poisson.

. . . .

2. — 1528. Barthélemy Chabrignac.

3. — 1598. Yves Arrondeau, précédemment curé de Cornillé, mort le 14 août 1616.

4. — 1618 à 1619. François Dubreil.

5. — 1620 à 1622. François Bouteloup, mort en avril.

6. — 1622 à 1626. Pierre Guillot, meurt de la peste à Durtal, le 13 septembre. En quatre mois, dans la paroisse de Saint-Pierre seule, il y eut quatre-vingt-seize décès, dont trente-quatre en septembre. L'enregistrement des actes de sépulture fut interrompu jusqu'en 1630. L'épouvante produisit une fuite générale.

7. — 1634 à 1642. Georges Coïcault, docteur en droit canon, à l'Université de Paris.

8. — Mars 1643 à 1664. René Taudon, mort curé de Huillé, le 6 décembre 1688. Il rédigeait ses actes en latin.

9. — Juin 1664 à 1699. Etienne Janvier, mort âgé de 83 ans, le 19 septembre.

10. — Novembre 1699 à 1702. Toussaint Guiteau, mort le 3 septembre, âgé de 37 ans.

11. — Octobre 1702 à 1724. Nicolas Olivier, mort le 14 avril, âgé de 55 ans.

12. — Avril 1724 à 1736. Pierre Chevallier, mort le 19 juillet, âgé de 39 ans.

13. — 26 octobre 1736. Jean-Baptiste Viel prend possession de la cure, mais envoyé par l'évêque desservir Saint-Rémi de Châteaugontier, il ne revient résider que le 2 octobre 1739 et est nommé le 17 novembre 1742 à la cure de Morannes.

14. — Décembre 1743 à 1747. René Goyet, meurt le 22 mai 1747, âgé de 45 ans.

15. — Août 1747 à 1765. Jérôme Pasqueraie, maître ès-arts d'Angers, meurt le 27 février, à l'âge de 59 ans.

16. — Avril 1765 à avril 1791. Raymond-Denis Lebeurier, docteur en théologie, refuse le serment, est enfermé à Angers, s'évade et meurt entre Le Mans et Baugé, dans la déroute des Vendéens. Jean Lebeurier, frère du précédent, fut d'abord vicaire, puis aumônier de l'hôpital de Durtal ; avec lui il refuse le serment, et après avoir résidé à Angers, rue Saint-Aubin, chez Mlle Dupré, il fut exilé à Badajoz, en Espagne, en 1792, où il mourut.

Notice sur M. Raymond Lebeurier
et sur
les événements de 1790 à 1792 auxquels il prit part

M. Raymond-Denis Lebeurier, né à Villedieu, dans le département de la Manche, le 9 octobre 1730, fut nommé curé de Saint-Pierre de Durtal, au mois d'avril 1765, comme on vient de le voir. Prêtre très distingué par sa science et par son zèle pastoral, vénéré de ses paroissiens, il méritait un meilleur sort que celui dont il fut victime. Ce fut un des nobles martyrs de la persécution révolutionnaire. Les faits suivants en font foi.

Le 8 mars 1790, M. le curé de Saint-Pierre avait été nommé par la municipalité de Durtal adjoint pour l'instruction de procédure criminelle, en même temps que M. le curé de Notre-Dame, et à l'unanimité. Mais le

14 juillet suivant, il n'assiste pas avec ses confrères de
Notre-Dame, de Saint-Léonard et de Gouis, à la fête
nationale patriotique, célébrée sur le Champ-de-Mars
(terrasse du Château), ni à la prestation de serment à la
Constitution.

Le 22 mai 1791, M. Lebeurier faisait donation de sa
fortune au bureau de bienfaisance, moyennant une rente
viagère pour lui et pour sa servante Anne Vidamour [1],
(archives municipales). Envers ce « receveur de la charité à Durtal », si libéral et si peu imité, quelle fut la
reconnaissance des citoyens patriotes, aveuglés par la
rage politique ? Dès le 18 juillet 1791, M. Lebeurier fut
condamné par le tribunal du district de Châteauneuf, à
cinq ans de bannissement, à cinq lieues de Durtal. L'un
des chefs de ce tribunal, nommé Gaudin [2], était Durtalois et a laissé dans son pays un triste souvenir. M. Gru-
get, dans son histoire de la Constitution civile du clergé
en Anjou remarque que : « Il y a peu d'endroits où les
« prêtres catholiques aient eu autant à souffrir que dans
« Durtal. On ne doit pas, ajoute-t-il, en être surpris :
« Durtal était une petite ville où, à cette époque, il y avait
« beaucoup de petits bourgeois sans religion, qui se
« trouvaient corrompus par le passage continuel de
« voyageurs qui s'arrêtaient dans cet endroit, en allant
« ou en revenant d'Angers à Paris, sources de l'impiété
« et du libertinage ». On peut ajouter qu'un certain
nombre, et des plus fanatiques, avaient acheté à vil prix
les biens d'église et du château. En voici du reste un
exemple typique : j'en supprime les noms par respect
pour les descendants de la famille. — A la belle pro-

<hr>

(1) Anne Vidamour devait être fusillée au champ des martyrs
d'Avrillé, pour « avoir donné, le 1er février 1794, à souper au curé de
Durtal, ayant été autrefois sa domestique. »

(2) Avant de mourir, vers 1850, il se convertit et en expiation de
sa conduite passée, il offrit à l'église un ostensoir en vermeil.

priété d'Auvers, en Gouis, se trouvait un très honnête fermier nommé Guillaume M... Un soir, dans l'ombre, un de ces enrichis de la ville vint trouver G. M... et lui dit pour le corrompre : « Si tu veux, je peux te faire acheter tout ce bien de ton maître, pour deux paires de bœufs ; et si tu y consens, l'affaire sera conclue dès demain. — Jamais je ne consentirai à pareille escroquerie, répond le fermier. Je ne veux pas me déshonorer ainsi. — Mais, reprend B..., personne n'en saura rien, tout se traitera à Angers, où tu iras habiter ; puis au bout d'une dizaine d'années, tu reviendras ici jouir en paix de ton marché. — Non, jamais ! fut la dernière réponse. » Conclusion morale : Le corrupteur a laissé des descendants ruinés ; l'honnête homme s'est enrichi. (Souvenirs intimes d'une famille de Saint-Pierre de Durtal).

L'amnistie du 14 septembre 1791 rendit à M. Raymond Lebeurier la liberté ; il revint donc au milieu de ses paroissiens ; mais, et ce fut pour lui un grand chagrin, il trouva son église désaffectée et fermée.

L'arrêté départemental du 1er février 1792 ayant obligé, comme on l'a déjà vu pour M. Goujon, tous les prêtres à se rendre à Angers, M. Lebeurier obéit. Dès le 8 du même mois, il accepta l'hospitalité chez M. Letessier, rue des Patriotes. Interné au Séminaire le 17 juin 1792, en même temps que les autres membres du clergé, M. le curé de Saint-Pierre, à raison de son grand âge, échappa à la déportation, et le 30 novembre de la même année on le renferma à la Rossignolerie (Lycée actuel). Au mois de juin 1793, les Vendéens ayant envahi la ville d'Angers, délivrèrent les prisonniers ; alors M. Lebeurier suivit ses libérateurs, partageant leur bonne et leur mauvaise fortune. Mais après la malheureuse campagne d'Outre-Loire, M. Lebeurier fut reconnu parmi les Vendéens, quand leur armée en désordre passa à Baugé

(L. 1539) et le vénérable curé mourut là, quelques jours sans doute après la bataille du Mans.

M. Célestin Port prétend qu'il fut noyé à Nantes par Carrier, le 9 décembre 1793 ; c'est une erreur. Quoi qu'il en soit, M. Raymond-Denis Lebeurier mourut martyr de la foi catholique.

NOTRE-DAME DE DURTAL

Son église, son clergé avant 1800

Devenue église principale de Durtal, Notre-Dame, dans le moyen-âge, ne fut d'abord que la chapelle du château seigneurial, dans l'enceinte duquel elle resta renfermée. Sa destination principale fut toujours le service des seigneurs seulement, de leurs serviteurs et de leurs gens d'armes ; aussi son ressort trop restreint ne pouvait guère s'étendre. Des chanoines la desservirent dans les premiers temps ; mais, comme le disent les chartes, elle en fut délivrée par Agnès de Mathefelon et donnée à l'abbaye de Saint-Aubin d'Angers qui, même après son érection en titre paroissial, en conserva jusqu'au xviiie siècle la présentation.

Voici en quelques mots ce qu'était l'édifice. Le clocher encore subsistant, avec la travée qui le porte, accuse le style roman secondaire du xiie siècle. La pointe détériorée par le temps menaçait ruine, et au 1er octobre 1885 il fallut la raccourcir pour éviter des accidents aux couvreurs chargés de l'entretien. La voûte en bois de la nef était de chaque côté divisée en huit panneaux, où se voyaient, comme dans l'église Saint-Pierre, des anges ailés porteurs de divers instruments de la Passion. Un tableau du xviiie siècle représentait le don du Rosaire par la Sainte Vierge. Nous verrons plus tard quand et comment cette modeste église fut reconstruite. A ce que nous avons pu dire déjà sur Notre-Dame, nous n'ajouterons ici que la liste de ceux qui en furent curés jusqu'à la Révolution. L'histoire ne nous cite rien de remarquable sur ce qui s'y passa. Elle ne nous donne même la liste des curés que depuis l'année 1517 :

1. — 1517 à 1523. Jean Darien.

2. — 1523 à 1524. Louis de Hates, lequel permute avec le curé de Foudon.

3. — 1524 à 1589. François Châtaignier.

4. — 1589 à 1598. Etienne Bonvaloy.

5. — 1598 à 1622. René Bordeaux, meurt en 1623.

6. — 1622 à 1625. Louis Gaudin.

7. — 1625 à 1637. Thomas Papillon, mort de la peste le 6 septembre.

8. — 1640 à 1685. Michel Bélot, aumônier de l'évêque d'Angers.

9. — 1688 à 1707. Jean Bélot, mort le 14 avril 1713.

10. — 13 décembre 1707 à 1735. Joseph Raveneau, mort à 69 ans, le 25 novembre.

11. — Mai 1736 à décembre 1740. Louis Lemonnier.

12. — Janvier 1741 à 1744. Louis Gabillard, mort à 56 ans, 25 février 1744.

13. — 1744 à 1754. Peut-être N. Gautier.

14. — 1754 à 1764. Le même que ci-dessus, meurt le 28 avril 1764, âgé de 56 ans. Louis Chaudet, vicaire à Notre-Dame.

15. — 1764 à 1787. Constantin-Alexis Leleu, fils du lieutenant des Chasses du comté de Durtal, meurt le 28 octobre 1787, âgé de 55 ans.

16. — 1788 à 1791. Guillaume-Augustin Chesneau, meurt à Béhuard en 1815. Il en sera question plus loin, pendant la Révolution française

HOPITAL DE DURTAL

Sa fondation, son histoire jusqu'au XIXe siècle

C'est ici qu'il importe de parler d'un fait considérable, au point de vue de l'utilité publique, la fondation de l'hôpital de Durtal en 1672, par Mlle de Feuquerolles et M. René Huc ou Hus, tous deux habitants de cette ville à la fin du xviie siècle.

A cette époque, Louis XIV régnait glorieusement, pour le bonheur et la splendeur de la France. Dans cette ère de grands progrès et de grands hommes, le comté de Durtal appartenait, nous l'avons vu, à la famille du maréchal Henri de Schomberg : mais Durtal souffrait beaucoup d'être privé d'un hôpital, pour secourir les pauvres et les invalides de la ville et de la campagne.

L'inspiratrice de cette belle œuvre fut une noble demoiselle, Catherine de Feuquerolles, personne aussi distinguée par sa naissance que par les rares qualités de son cœur et de son esprit ; remarquable surtout par sa religion, et par ses œuvres de charité ingénieuse et de dévouement sans bornes. Fille de messire Jacques de Feuquerolles, de Normandie, écuyer et capitaine du château de Durestal, et de dame Anne Trioche de Tours, elle naquit à Durtal, l'an 1624. Son frère, M. Jean-François de Feuquerolles, était, vers 1672, avocat, sénéchal, juge ordinaire des Eaux et Forêts du comté de Durestal. Elle fut élevée en cette ville, et y demeura d'abord jusqu'à l'âge de 24 ans. A ce moment, Mme la comtesse du Lude, résidant à Briançon, commune de Bauné, ravie des bonnes grâces, de la distinction, de l'intelligence et de la piété sérieuse de la jeune fille, voulut l'avoir près d'elle en qualité de demoiselle d'honneur, pour en faire sa confidente et sa compagne fidèle.

C'est là que Mlle de Feuquerolles vécut pendant

deux ans et demi, jusqu'à la mort de sa bienfaitrice.
Alors seulement elle revint à Durtal pour y habiter avec
son père et sa mère ; elle les assista de ses soins les plus
affectueux pendant dix-neuf ans. Depuis lors elle sembla
ne plus vivre que pour venir en aide aux pauvres et aux
infirmes. A cette époque, cette classe d'affligés n'était
secourue que d'une façon insuffisante par quelques personnes isolées. Une œuvre organisée, ayant des ressources
assurées et une administration pleine de sollicitude,
manquait donc dans ce canton du Baugeois, surtout aux
époques, si fréquentes alors, d'épidémies ou de disettes.
Ne vit-on pas, vers 1630, pendant la peste qui ravagea
le pays pendant 3 ans[1], qu'il ne restait plus à Durtal
qu'une seule femme, la veuve Lemoine, pour ensevelir
les morts !

Plusieurs fois demandée en mariage, Mlle de Feuquerolles avait refusé tous les partis, même les plus avanta-
geux. Se voyant libre après la mort de son père, survenue
l'an 1669, elle se mit à son ménage particulier, sur le
conseil de sa mère. Dans cette solitude, se développa peu
à peu en elle le germe de l'idée généreuse de fonder un
hôpital, quoi qu'il pût lui en coûter de dépenses, de fatigues
et de persécutions.

L'occasion s'en présenta bientôt, quand Dieu inspira à
un homme de bien et d'assez belle fortune, M Huc, lieutenant civil et assesseur criminel au comté de Durestal,
demeurant au dit lieu, paroisse de Gouis, le désir de
faire avant de mourir quelques legs pieux. Il en fit confidence à Mlle de Feuquerolles. Celle-ci en profita pour lui
communiquer en retour ses propres desseins, et avec
adresse elle lui insinua d'entrer dans ses vues. Elle lui
persuada donc qu'avant tout, le besoin le plus pressant

[1] Nous l'avons déjà mentionné, en parlant de Gouis.

était d'avoir un hôpital, et que, pour commencer cette
œuvre, il ferait bien d'y consacrer sa maison, tant elle
lui semblait convenable pour cet usage. M. Hue entra
dans ses vues, mais d'abord se heurta à l'opposition de
ses enfants. Il passa outre, car il était riche. Du reste,
plus tard, cette donation fut ratifiée par son fils et par sa
fille, qui était novice à Saumur, par acte du 25 février 1673.

Voici la teneur de cette donation, faite le 1er mai 1672,
par-devant Me André Varneau, notaire royal à Baugé,
résidant à Durtal : « M. René Hue (ou Hus), avocat en
« parlement, etc..., fait don de sa fortune aux pauvres
« malades de ladite ville et des fauxbourgs qui n'y ont
« aucune retraite particulière, pour soulager leurs maux
« et nécessités. Mû d'une charitable compassion envers
« eux, je donne dès à présent par donation entre vifs et
« irrévocable en faveur des pauvres, à MM. les manants
« et habitants de ladite ville de Duretal, la jouissance de
« ma maison sise en cette ville, paroisse de Gouis, tout
« ainsi qu'il m'appartient avec ses appartenances et dé-
« pendances ci-après déclarées, savoir : Une cour d'entrée
« carrée, ayant 58 pieds en tous sens, la moitié garnie
« de logements vers l'occident et le nord qui sont un
« corps de logis, composé d'une salle de trente pieds de
« longueur et de dix-sept de largeur par le dedans, une
« cave au-dessous, et deux chambres avec cheminée au-
« dessus, sur lesquelles il y a un grenier ; à côté de
« laquelle salle sont une petite chambre et un degré de
« marche en pierre, couvert d'ardoises en pavillon avec
« un colombage, et ensuite à ras de terre étant d'un
« tenant, une cuisine et une grange de trente pieds, où
« sont mes pressoirs, le tout d'une égale hauteur, couvert
« d'ardoises avec les chambres hautes et greniers, qui
« sont au-dessus, derrière lesquels logements est un
« jardin, qui les joint.... ainsi qu'un autre jardin, clos

« également de murailles, avec une petite voye descen-
« dant à la rivière d'Arglance (Argance), qui coule aux
« pieds... »

« Enfin, deux quartiers de vignes, sis au terroir des
« Tesnières, en la paroisse de Saint-Pierre. Toutes choses
« mouvantes du fief de Durestal, pour être fait un com-
« mencement d'hôpital à recevoir tel nombre de malades
« des quatre paroisses de Gouis, Notre-Dame, Saint-
« Pierre et Saint-Léonard seulement, que le directeur du

Ancien Hôpital.

« dit hôpital jugera et nommera en sa conscience y devoir
« être admis et reçus, selon les moyens et revenus, qui
« pourront être de temps en temps augmentés par les
« dons, aumônes et charités que Dieu, par sa providence,
« lui procurera, pour être lesdits pauvres nourris, couchés,
« levés et gouvernés au dit hôpital, pendant le temps

« qu'il conviendra, conformément à ce qui s'observe aux
« hôpitaux voisins de la Flèche et de Baugé.

« Mais, dans la crainte de recevoir quelques incommo-
« dités et dommages, tant au transport ailleurs de sa
« propre personne, déjà assez indisposée par son grand
« âge de 76 ans, et de ses meubles, blé, vin, etc. », René
Hue (ou Hus) se réservait, sa vie durant, « l'usage de sa
« maison, sans préjudice cependant des pauvres qu'il
« pourrait recevoir. »

Désireux en effet de voir fonctionner cet hôpital, qu'il
rêve depuis longtemps, il fera dresser, accommoder et
orner dans sa grange une chapelle en l'honneur de la
Très-Sainte Vierge, sous le nom de Consolatrice des affligés, et de saint Joseph. Puis, sitôt qu'il se trouvera
quelques personnes charitables pour les gouverner, il
désignera deux pauvres malades, pour être reçus, traités
et nourris, leur promettant le chauffage et le vin, ainsi
que le vin nécessaire à la célébration des offices dans sa
chapelle. D'ailleurs, jusqu'à sa mort, il se réserve la
direction de l'hôpital.

En retour, il « demande que, à la diligence et aux frais
« de l'administration de l'hôpital, il soit dit chaque année,
« en la chapelle, quatre messes, et une de *Beata*, le jour
« de la fête de la Présentation de Notre-Dame, l'autre de
« saint Joseph, le jour de sa fête, toutes solennellement
« chantées à diacre et à sous-diacre, et les deux autres à
« voix basse des Trépassés ; auxquelles messes et chacune
« d'icelles, sera faite recommandation aux fidèles assis-
« tants de prier pour lui, sa défunte femme et ses parents
« défunts. » — Remarque : Ces conditions religieuses,
auxquelles M. Hue tenait tant, n'ont pas toujours été
loyalement observées. Depuis plus de cent ans on n'en
tient aucun compte. Pareille observation s'applique à la
plupart des fondations relatées ci-après. Où est donc la

reconnaissance et la conscience des héritiers et des obligés ?

Connaissant les détours de la Loi, et désireux d'observer la régularité de sa donation, M. Huc revient, par acte du 22 août 1672, en donner confirmation, et en même temps retirer à ses héritiers la faculté qu'il leur avait donnée de rentrer en possession des biens sus-désignés, pour une somme.de six mille francs.

En plus, il charge M. Souchard, prêtre, bachelier en Sorbonne, chapelain de la Chapelle Saint-Laurent du Grip, et qui semble être un personnage important à cette époque, de recevoir les dons qui pourront être faits, le désignant comme son successeur à la direction de l'hôpital.

Jusqu'ici, il est évident que M. Huc est le premier fondateur de l'hôpital de Durtal ; il en apporte la première pierre. Mais tout ce qu'il fit n'eût eu aucune suite, si Mlle de Feuquerolles, après la mort de cet homme de bien, n'eût donné vie et accroissement à ses libéralités. Une maison de si peu d'importance et deux quartiers de vignes ne suffisent pas à fonder un hôpital ; mais Mlle de Feuquerolles, comme on peut le lire dans la notice écrite sur sa vie et ses œuvres par les premières infirmières, se consacra tout entière jusqu'à sa mort à compléter un établissement devenu assez solide pour traverser plusieurs siècles et beaucoup d'épreuves. Elle ne va donc rien négliger pour réaliser sans retard l'œuvre de son saint ami.

On l'a dit dans l'acte de fondation, il y avait chez M. Huc une grange qu'il fallait transformer en chapelle et en salles de malades. Pour tant de travaux il fallait d'assez fortes sommes ; c'est pourquoi Mlle de Feuquerolles commença ses quêtes vite et hardiment. Elle voulut même que les pauvres, pour lesquels la maison allait se meubler, fussent ses premiers souscripteurs : et cette aumône, qui porte bonheur, elle l'obtint, dès le premier jour, d'un mendiant passant à sa porte.

Elle reçut ensuite des aumônes considérables. dont nous donnons plus loin une liste détaillée et qui mérite d'être conservée pour l'exemple et pour l'honneur des bienfaiteurs du pays.

A la chapelle il fallait un autel. La pensée vint à Mlle de Feuquerolles que, sans nuire à personne, elle pouvait prendre dans le cimetière de Gouis une des plus belles pierres tombales devenues inutiles, par suite de de la disparition de tout représentant de la famille, connu dans le pays. Cette opération fut pénible, vu la pesanteur de la pierre et l'insuffisance des moyens de transport ; elle occasionna encore d'autres désagréments à la bonne demoiselle. Cependant elle réussit et elle put se réjouir d'avoir sur tout cela l'agrément de Monseigneur l'évêque d'Angers, qui donna l'ordre au curé de Notre-Dame de bénir la chapelle. La veille du jour fixé pour la cérémonie, M. le curé vint visiter le local et constata qu'il fallait avant tout mettre des vitres à la fenêtre la plus proche de l'autel, carreler le sanctuaire et élever une séparation entre le lieu Saint et la salle des malades. Sans se décourager, Mlle de Feuquerolles requit immédiatement tous les ouvriers nécessaires. Le lendemain, le pavage était fait et le vitrage, pris à la maison de la demoiselle, posé ; enfin, à l'étonnement général, des boiseries avec tentures, fournies par la même bienfaitrice, séparaient les salles des malades du reste de la grange devenue chapelle. Quelque temps après, l'infatigable donatrice fit bâtir un autre autel, plus convenable que le premier par sa forme et par ses décorations. Outre la statue de saint Joseph et un tableau représentant les célestes fiançailles de sainte Catherine de Sienne, sa patronne[1], elle fit placer à côté une statue de saint Jean-Baptiste et une autre de saint Hubert, saints auxquels elle avait une grande dévotion. Elle pourvut encore et toujours à ses frais, à doter cet humble sanctuaire des ornements nécessaires au culte divin.

L'hôpital ainsi établi par les soins de Mlle de Feuquerolles et ceux de son frère, M. le Sénéchal ; meublé aussi par Mme la comtesse de Liancourt, qui donna quatre lits pour garnir les salles ; autorisé par des lettres-patentes du roi, en avril 1676, ne manquait plus que de deux choses très importantes. La première, était d'obtenir de Monseigneur l'évêque d'Angers, Henri Arnauld, son consentement à l'enregistrement des lettres d'établissement. Après un refus de l'évêque et des trois curés de Durtal, le 16 mars 1678, l'opposition fut levée le 18 septembre 1686. La deuxième condition, pour assurer l'avenir du service des pauvres, était d'avoir dans l'hôpital un personnel religieux. On l'obtint en s'adressant aux dames de la communauté de la Propagation de la Foi, dites dames de la Charité de la Trinité d'Angers. Le contrat entre M. le Sénéchal et Mme la Supérieure de cette communauté, Mme de Langaleraye, fut signé le 19 août 1690. Il fut ratifié par la communauté entière le 19 septembre suivant ; et le 26 octobre de la même année, Mme de Langaleraye, accompagnée de deux jeunes sœurs, l'une pour le soin des malades, l'autre pour faire la classe aux pauvres, et conduites par M. du Tremblier, curé de Villevêque, se présenta à Durtal pour l'installation. M. Brouillon, alors receveur du comté de Durtal, et administrateur de l'hôpital, avait tout fait préparer pour les logements, et avait obtenu l'agrément des seigneurs de Durestal ; en outre, lui et son épouse donnèrent à cet établissement

---

naissant les témoignages les plus précieux de leur bienveillance et de leur zèle pour la gloire de Dieu. Au comble
de ses vœux, Mlle de Feuquerolles accueillit les deux
jeunes religieuses comme une mère accueille avec ten-
dresse ses enfants.

L'hôpital était définitivement fondé.

Dans les dernières années de sa vie, Mlle de Feuquerolles fut affligée d'infirmités, dont elle souffrait du reste
déjà depuis 22 ans, mais qui en s'accroissant, diminuè-
rent de plus en plus ses forces. Quand la mort vint la
tirer de ce monde d'épreuves, elle la trouva prête à le
quitter, avec une parfaite résignation, en pleine connaissance, et donnant des marques de la plus édifiante piété.
Ce fut le 18 novembre 1706, vers 4 heures du soir, à l'âge
de 82 ans et 8 mois, qu'après avoir fait ses adieux à son
frère, M. le Sénéchal, elle partit pour recevoir la vraie
récompense de ses bonnes œuvres.

Suivant sa volonté expresse, son corps, redevenu au
trépas merveilleusement beau, fut inhumé sans pompes
dans la chapelle de l'hôpital, non loin de l'autel, à l'endroit où descendait la corde de la cloche.

Lorsque, en 1856, l'hôpital, devenu inhabitable par
suite de vétusté, fut transféré au château, on oublia, par
une inexplicable négligenc , de fouiller le sol à l'endroit
sus-indiqué, afin de relever les restes précieux de la fondatrice et de les mettre en honneur dans l'hôpital nouveau. Au moins eût-il fallu tenter l'opération avant que
le vieux local ne fût rasé complètement. Preuve entre
mille autres, qu'il ne faut pas en faisant le bien chercher
à se faire une renommée et à conquérir la reconnaissance
des hommes. Qui donc à Durtal connaît aujourd'hui
Mlle de Feuquerolles, ainsi que M. Huc et leurs bien-
faits, dont ces pages ont pour objet de réveiller la
mémoire ?

Nous donnons par ordre chronologique les faits et donations qui concernent son développement.

D'abord, le 29 novembre 1676, les officiers de Baugé procèdent à une enquête favorable *de commodo* et *incommodo*.

Déjà le 29 avril 1676, Monseigneur l'évêque d'Angers, comme nous l'avons dit, avait approuvé l'établissement, approbation d'abord suspendue le 16 février 1678, puis définitivement confirmée le 18 octobre de la même année.

Dès le 5 août 1673, Marie Rondeau avait abandonné une rente de dix livres au profit de l'hôpital.

Le 10 mai 1674, Urbain Cuillérier du diocèse de Sens, donna la terre et la maison de la Rivauderie, sise à Huillé.

Le 16 mars 1676, Jacques Lemay constitua une rente de trois livres sur les Guiberdières.

Le 18 février, Marie Hamelin, épouse de Nicolas Guyon, donne la terre des Granderies.

La même année revient à l'hôpital une rente de cent livres sur l'Hôtel-de-Ville de Paris, constituée par le comte de Schomberg à la commune de Lézigné.

Le 13 août 1678, dame Aubry donna deux cents livres de rentes sur les Aydes et les Gabelles.

Le 16 octobre 1682, Vincent Potherie donne cinquante livres pour deux messes à célébrer après sa mort.

Le 19 août 1690, un contrat confie le soin des malades aux sœurs de la Trinité d'Angers.

Mlle de Feuquerolles, outre ses libéralités, dont nous avons parlé, fonde, par son testament, du 18 décembre 1698, dans la chapelle Saint-Joseph de l'hôtel-Dieu, en l'honneur de Dieu, de la Sainte Vierge et du glorieux saint Joseph, son époux, qui a été son protecteur continuel dans le cours de sa longue vie, ayant eu le bonheur

de naître le jour de sa fête, une chapelle en laquelle elle
veut et ordonne qu'il soit dit et célébré à perpétuité deux
messes basses chaque semaine, une le mercredy, en
l'honneur de saint Joseph, et l'autre le samedy, en l'honneur de la glorieuse Vierge Marie. Elle donne dix sols à
chaque malade qui sera à l'hôtel-Dieu à son décès.

« Comme bénéfices de cette chapelle, elle lègue à
« l'hôtel-Dieu et à Antoine Souchard, ou à celui auque

Maison dite du Reposoir.

« sera présentée sa dite chapelle, sa maison, sise au
« Pont de Gouis, dite du *Reposoir*, et attenant à la tour
« de la ville (que l'on voit encore à gauche en venant de
« la Flèche à Durtal), et sur la porte de laquelle on lit
« cette inscription : *In bello pax !* ' avec cour, jardin,
« réservoir à poisson, droit de faire bâtir sur le portail
« de la ville, le domaine appartenances et dépendances

(1) Sur la porte de la maison du Reposoir on lit cette autre inscription : *De forte dulcedo*. Ces deux inscriptions ne seraient-elles pas
une allusion à la paix qui régnait à Durtal au temps de Vieilleville
alors que la guerre était partout en France?

« avec droit d'aller et venir, passer et repasser sur la
« turcie, ou rempart qui est au bout de son jardin pour
« aller à la rivière du Loir ; un clos de vigne, proche la
« chapelle du Pin ; un pré et jardin, près la Sablonnière.
« Trente livres de rente foncière sur la terre de Rincé.
« Elle donne encore aux pauvres du dit hôtel-Dieu tous
« les meubles et choses réputées meubles dont elle se
« trouvera saisie au temps de son décès, à la réserve des
« bestiaux et semences de la terre de Princé, abandon-
« nés au propriétaire, pour qu'il puisse mieux payer la
« rente d'un lit qu'elle donne à sa servante, avec une
« rente de seize livres, treize sous, quatre deniers.

« Elle réserve également son pressoir, qui restera à la
« maison, et diverses fleurs pour l'agrément du sieur
« Souchard, avec la volière.

« Enfin, elle veut et ordonne qu'après le sieur Sou-
« chard, le droit de présenter ladite chapelle soit et
« demeure à perpétuité aux demoiselles de la Trinité,
« qui sont actuellement à l'Hôtel-Dieu ; et à celles qui,
« par ordre de Monseigneur Illustrissime et Révéren-
« dissime évêque d'Angers, leur succéderont audit Hôtel-
« Dieu, lesquelles, en commun, nommeront à mon dit
« Seigneur un prêtre de bonne vie et mœurs, capable de
« secourir les pauvres aux nécessités spirituelles, qui
« dira les messes susdites, et demeurera aussi dans la
« maison, pour être plus proche et mieux en état de
« secourir les malades de l'Hôtel-Dieu. »

La chapelle de l'hôpital devait, en 1752, hériter de tous
les ornements du culte de la chapelle de Mathefelon,
tombée en ruine et interdite. L'administration de l'hôpital devait encore être, à cette époque, mal établie ; car,
dans les archives, on trouve une ordonnance royale du
12 décembre 1698 qui l'organise, ou du moins, qui la
réorganise.

Il est alors institué un bureau de direction, composé des premiers officiers de justice du lieu, d'un échevin et du curé. Un certain nombre des principaux habitants leur sont adjoints pour trois ans. Le bureau s'assemble une fois la semaine ; et une ou deux fois par an il y a assemblée générale de tous les membres de l'administration. Les délibérations de ces assemblées sont écrites sur un registre spécial. Le bureau devra également nommer un trésorier et désigner un de ses membres pour expédier les mandements. Les évêques ou leurs vicaires généraux ont la préséance dans les bureaux et présideront les assemblées auxquelles ils viendront assister. Les baux à ferme, les entreprises de réparations, constructions, emprunts, acquisitions, etc., seront l'objet de délibérations préalables. Les comptes du trésorier seront clos et arrêtés en assemblée ; enfin, il devra être fait un inventaire de papiers, titres, actes et comptes concernant l'hôpital ; le tout déposé aux archives dans une ou plusieurs armoires fermant à clef.

Malheureusement, registres et comptes de cette époque n'ont pas été faits régulièrement suivant cette ordonnance ou, plus probablement, ont disparu avec tant d'autres archives dans la tourmente révolutionnaire.

Continuons la liste des dons faits à l'hôpital et qui augmentent sensiblement.

Le 15 avril 1701, Jeanne Bourg donne mille livres à charge de fonder un lit.

Le 13 juillet 1702, demoiselle Huet de la Périne donne six cents livres pour douze messes Avec ces fonds, l'administration achète, le 5 septembre 1705, la maison dite de Moque-Souris.

Le 3 avril 1724, Michel Olivier lègue six mille livres pour la fondation d'un lit. Ce capital est affecté, le 20 août 1727, à l'achat de la Belle-Frenière.

Le 27 février 1729, Catherine Després, pour s'assurer une messe, lègue deux cents livres, avec lesquelles on achète, le 5 décembre 1733, la maison de la Croix-Verte, près l'hôpital.

Le 23 février 1733, Elisabeth Gontard donne quatre cents livres.

Le 2 mars 1741, Louise Briandeau lègue mille livres à l'hôpital et cent livres à la sacristie pendant deux ans; fonds avec lesquels on achète la maison de Noël Lair, touchant le cellier de la Croix-Verte, le 5 juin 1743.

D'ailleurs, les legs sont souvent placés à titre de prêt chez les particuliers; c'est pourquoi on trouve une foule de pièces de procédure nécessitées par le recouvrement des arrérages ou du capital entier.

De 1753 jusqu'en 1790, nous trouvons un registre de délibérations tenu régulièrement. Il nous permet de poursuivre la liste des bienfaiteurs de l'hôpital; et nous observons que, dans ce laps de temps, les donateurs ne demandent plus en retour de leurs biens, des messes, des services pour le rachat de leurs fautes; mais, désormais, ils donneront plutôt à charge de rentes viagères. Ainsi:

Le 15 avril 1753, la veuve Allard donne deux cents livres.

Le 15 avril 1753, le sieur Bailleul donne deux cents livres.

Le 16 décembre 1753, demoiselle Bouclerc donne deux cents livres.

Le 6 juillet 1767, Anne Després, supérieure de la Croix d'Angers, donne deux cents livres.

Le 17 septembre 1770, un anonyme donne mille livres.

Le 29 août 1773, un anonyme donne mille livres, pour un rente viagère de cinquante livres.

Le 10 octobre 1775, Thérèse Bertrand de Sainte-

Colombe, concierge au château de Durtal, laisse ses meubles et effets aux pauvres et deux mille trois cent soixante et onze livres.

Le 10 janvier 1782, demoiselle Pochard donne quinze cents livres pour une rente viagère.

Le 13 février 1782, demoiselle Alory de Bazouges donne deux mille cinquante livres, pour une rente viagère, et trois cents livres, le 30 décembre.

Le 15 février 1782, Gaignard donne trois mille livres pour une rente viagère.

Le 10 juin 1783, Coignard donne six cents livres contre une rente viagère.

Le 21 juin 1785, Jeanne Gasnier donne quinze cents livres contre une rente viagère.

Le 16 septembre 1786, la veuve Tourloure et un anonyme donnent chacun trois cents livres.

Le 23 février 1789, un anonyme donne deux cents livres dont l'intérêt sera payé au chapelain.

Le 28 septembre 1790, Marie de la Rochefoucault, duchesse d'Estissac, marquise d'Halluin et de Liancourt, comtesse de Durtal et autres lieux, désirant concourir au bien et avantage de l'Hôtel-Dieu, donne une des tours de sa ville, sise au bord de la rivière du Loir, paroisse de Gouis, avec droit de passage avec un cheval chargé de paniers, par dessus la turcie ; à charge cependant d'en payer le cens (5 sols) et de la rendre dans les temps de guerre et d'hostilités. Cette tour sert encore, en 1908, de buanderie et de lavoir. Mais à côté de cette tour principale, a été bâtie plus récemment, en 1866, une autre tour lavoir moins grande. Voici à quelle occasion : Quand l'hôpital fut transporté du Pont-de-Gouis au château, le maire de Durtal jugea, non sans raison, qu'il valait mieux laisser la grosse tour à l'usage exclusif de l'hôpital et en construire une autre plus petite pour le service des habitants de la ville. Ce qui fut fait à la satisfaction générale.

———

L'inventaire, fait par l'agent municipal en 1790, montre ce qu'était l'hôpital, il y a plus d'un siècle.

Dans la salle des hommes on compte cinq lits, chacun garni de son bois, d'une paillasse, d'une couette, de deux traversins, deux couvertures, l'une piquée, l'autre de laine, d'un tour de lit de laine verte. Une armoire, où sont les linges et choses servant au traitement des

Note. — Le tableau que nous reproduisons ici, représente une religieuse de la communauté de Sainte-Marie-la-Forêt soignant un prisonnier. Exécuté dans la prison d'Angers par un malheureux touché du dévouement de la religieuse, il est conservé à l'hospice de Durtal.

playes ; quatre petites planches attachées au mur. à côté
des lits, pour servir aux malades ; une chaise à chaque
lit, plus une fontaine de fer étamé.

La salle des femmes, avec quatre lits seulement, présentait le même aspect.

Quant à l'apothicairerie, on y voyait un petit meuble en
forme de bibliothèque, où sont les fioles contenant sels
et liqueurs à l'usage des remèdes ; à côté, un meuble
nommé pharmacie, divisé en deux cases foimant chacune
cinq étages, dont l'une renferme des chevrettes et bouteilles, et l'autre des boîtes et pots contenant des drogues ; à côté encore, une petite armoire où sont renfermées vingt bouteilles de terre pleines d'eau-de-vie et
autres choses, et des linges. Une armoire à linge, un
petit fourneau de fonte, deux poêlettes en cuivre, une
écumoire, trois mortiers de fonte et un de marbre, quatre paires de balances et leurs *pilles*, un alambic de cuivre et le meuble aux archives.

C'est aussi la mention d'une cuisine à la vaisselle
d'étain et de potain ; d'une cave, vrai cellier des pauvres, où l'on ne trouve « qu'une busse de vin et une de
cidre » avec, dans un coin, tous les outils du jardinier.

Les meubles des sœurs appartenaient à la communauté et non à l'hôpital.

Arrivent les bouleversements néfastes de la Révolution.

Le 6 mai 1792, la chapelle est fermée au public. Les
sœurs délivreront à l'aumônier seul les ornements sacrés ;
la messe ne sera plus annoncée à son de cloche et les
sacrements ne seront donnés qu'aux seuls individus
habitant l'hôpital.

L'aumônier, M. Jean Lebeurier, est d'ailleurs déporté
bientôt en Espagne (1793). Les ornements sont alors

confisqués (ventôse an II) au profit du district de Châteauneuf ; les chaises de la chapelle sont enlevées pour le corps de garde, et la cloche suit le reste en floréal.

Bientôt, chose plus inquiétante pour l'administration, ce sont les vivres qui manqueraient sans un secours de deux mille livres, alloué à la suite d'une requête du 6 floréal an III. Les rentes ne sont plus payées ; le bénéfice de la chapelle, qui était un legs de Mlle Catherine de Feuquerolles, est retourné à la Nation ; puis deux mille cinq cent cinquante-trois francs de rentes sont amortis, c'est-à-dire confisqués au profit du Trésor. D'autres rentes enlevées aux paroisses de Durtal, Baracé et Huillé, furent données comme compensation à l'hôpital.

La commission administrative des biens de l'hospice civil, nommée en vertu de la loi du 16 vendémiaire, an V, composée des citoyens Jarphagnon, Lebrecq, Neveu, Delhumeau, s'approprie, le 21 frimaire, les trois fermes de Laveau, la Cheviraie et la Cahurie, du ci-devant Beauchamp, émigré. Ce n'était pas plus difficile que cela pour se tirer d'embarras.

Malgré tout, les ressources ne sont pas suffisantes pour subvenir aux frais qui lui incombent, d'après la loi du 7 frimaire, qui charge les hôpitaux des enfants naturels et abandonnés, dits *Enfants de la Patrie*. Durtal en compte une cinquantaine, et, le 7 prairial an V, est fait un appel à la Caisse centrale.

Dans la délibération de ce même jour, la commission fait remarquer que les revenus n'étant plus suffisants, « on ne peut plus entretenir de lits, ni recevoir de « malades. Cependant les drogues, qui restent à la pharmacie, seront distribuées aux pauvres malades, chez « eux, jusqu'à ce qu'ils puissent venir recevoir les « secours, qui leur sont dûs au dit hospice. »

Inutile de citer ici le rapport du citoyen Hortion, dans

lequel il dit, avec ce style grossier de l'époque, qu'il aurait prévenu la citoyenne Gastineau, supérieure, de se conformer au décret de l'assemblée nationale du 30 octobre dernier, qui enjoint aux filles (les religieuses) attachées aux hôpitaux et maisons de charité, qui n'ont pas prêté le serment, de quitter leurs fonctions. Sur quoi, la dite Gastineau aurait demandé un délai de *quinze* jours pour en écrire à ses sœurs de la ci-devant congrégation de la Croix d'Angers et de Craon formant leur maison Depuis *huit* jours que cela est fait, n'ayant reçu aucune réponse, lui, Hortion, fait sa déclaration...

Du coup, l'hôpital est brutalement fermé et il le sera pour quatre ans. C'est la citoyenne, c'est-à-dire Mme Berruyer, dame de charité d'Angers, « qui est instituée *gardi·itaire* », en remplacement de Mme Perrine Gastineau. Bientôt on lui adjoint, dans un espoir, d'ailleurs déçu, d'une réouverture prochaine, une pharmacienne. Démissionnaire elle-même, elle est remplacée, le 19 floréal an VII, par Mlle Bodereau, qui l'est à son tour par Anne Leroux, le 16 brumaire an VII.

Dans ce temps, par un reste d'esprit humanitaire, on avait quelquefois ouvert la porte de l'hospice à des gens de passage sans asile ; mais par ce qu'on appelait un esprit d'Égalité, en tout cas, non par esprit de Fraternité, cette tolérance ne tarda pas être supprimée. Toutefois, après cette période féroce, l'apaisement commença à se faire ; les paroissiens de Notre-Dame désirant rappeler un ministre du culte, la chapelle de l'hospice est autorisée à leur prêter quelques chandeliers de bois doré, de mauvais bouquets et autres ornements dédaignés dans le fond des armoires (25 thermidor an VIII).

Le 13 thermidor an IX, la commission considérant « combien il est urgent de pourvoir définitivement au « rétablissement de l'hospice ; qu'un plus long retard

« amènerait infailliblement la suppression de cet hospice
« et qu'il est temps enfin de faire jouir ses concitoyens
« de l'avantage de cet établissement, s'empresse d'arrê-
« ter que l'hospice sera ouvert et mis en activité le 20 du
« présent mois ; que demoiselle Marguerite Jutot, recon-
« nue autant estimable par les principes d'honneur et de
« vertu que par sa conduite et ses connaissances dans
« l'art de gouverner les malades, est autorisée à entrer
« et à s'établir dans ledit hospice ; que pour l'indemniser
« de toutes ses peines, soins et veilles, il lui sera accordé
« quatre cents francs par an. Elle sera fournie de loge-
« ment, chauffage, lumière, blanchissage, ainsi que des
« fruits et légumes du jardin. Au moyen de ce traite-
« ment et fourniment, elle sera obligée de pourvoir à sa
« subsistance, d'avoir tous les soins, attentions et com-
« plaisances possibles pour les malades qui lui seront
« confiés, etc... »

Quelques jours après, sur la demande de Mlle Jutot, il
est décidé que son installation est définitive, et qu'elle
reste attachée à l'hôpital quoi qu'il arrive.

Quatorze ans se passent et Mlle Jutot, malgré l'aide
d'une infirmière et d'une cuisinière, dont le personnel
s'est augmenté, se trouve fatiguée et insuffisante pour
une tâche trop lourde. On fait alors appel à l'ordre des
sœurs rétablies à Angers, sous le nom de filles de la
Charité des Renfermées, qui envoie deux religieuses :
sœur Françoise pour l'hôpital, aux appointements de cent
francs, et sœur Flavie, à ceux de cent cinquante francs,
comme institutrice (octobre 1814), Mlle Jutot restant
supérieure.

Quand, en 1817, survient la mort de cette supérieure,
pharmacienne « ayant des connaissances plus qu'ordinaires de la médecine » ; qui, suivant l'expression des
administrateurs, était la boussole de l'établissement, on

procède à une réorganisation complète. Trois sœurs sont demandées : on envoie une supérieure de trente à quarante ans, « connaissant l'administration intérieure d'un « ménage, ayant l'habitude des détails d'un hospice et « les premiers éléments de la médecine ; une pharma- « cienne sachant saigner, faire les pansements et ayant « quelques connaissances des maladies ; enfin, une sœur « sachant lire, écrire, calculer et capable d'enseigner. » Ce sont : sœur Marie-Françoise Tiout, supérieure ; Marie Miquet, dite sœur Julie, pharmacienne ; et Eléonore Monet, institutrice. Un jardinier leur est adjoint, ainsi qu'une cuisinière. » Cet état de choses s'est maintenu jusqu'à ce jour, sauf quelques augmentations dans le personnel des religieuses, suivant les besoins du service.

La commission s'était appliquée, dès la réouverture, à réformer certains errements. Elle commence par se réformer elle-même, le 20 nivôse, an X. Le 30 floréal, an XI, un receveur est nommé en la personne de M. Tonnelier, prêtre, qui reprend aussitôt la place de chapelain et est logé dans la maison du Reposoir. La maison de Moque-Souris, menaçant ruine, est démolie (Ventôse, an XII). Dès le 14 février 1809, est institué le *Billet d'hôpital*, signé du médecin et de l'administrateur de service. Soucieuse de la bonne tenue de la maison, l'administration assigne aux malades, hommes et femmes, des cours de récréation et des lieux d'aisance respectifs et absolument séparés, et décide qu'aucun malade ne sera rencontré dans la rue sous peine d'expulsion (29 novembre 1812). Le 1er janvier 1827 est élaboré un nouveau réglement intérieur. Enfin, le 20 février suivant, il est décidé que l'hôpital sera assuré contre l'incendie.

Le budget, lui aussi, s'enrichit de nouveaux dons :

Le 14 décembre 1800, M. Jarphagnon lègue la Touchardière.

Le 6 prairial, an XII, la Berthelotière, bien national, est attribué à l'hospice.

Le 25 janvier 1807, la veuve Galloye lègue quatre mille francs pour achat de biens permettant la création de deux lits, à charge de deux messes par an. C'est avec ce don qu'est achetée la Sablonnière.

Le 22 juin 1811, Mlle Le Bailleul [1] lègue à l'hôpital la prairie des Fresnes, pour la fondation de deux lits, l'un pour Lézigné, l'autre pour la Chapelle-d'Aligné. D'autre part, elle donne une maison près le Pont de Gouis et une somme de quatre mille francs pour la fondation d'une école. La religieuse institutrice faisait la classe dans une maison, séparée de l'hospice, par une ruelle descendant au bras gauche de l'Argance.

Le 19 juillet 1811, René Delhumeau, médecin de l'hôpital, lègue le pré de la Butte, joignant la Belle-Fresnière.

Le 22 octobre 1814, Anne de la Porte, par son testament, lègue à Mlle Julot, supérieure de l'hospice, et après sa mort à l'hospice lui-même la ferme des Saberdières.

Le 24 avril 1845, Joseph Cochaux donne un jardin joignant la maison d'école. Cette maison d'école allait être remplacée par celle des époux Loret, achetée par eux à cet effet le 16 mai 1858.

Le 1er décembre 1852, les Granderies furent échangées à M. le comte d'Andigné contre la ferme de la Placière.

Le 16 septembre 1865, M. et Mme Roujou, de Lézigné, font une donation de six mille francs pour un lit réservé à Lézigné.

---

(1) Mlle Le Bailleul, fondatrice d'une classe pour l'instruction des filles pauvres, était propriétaire du Serrain où elle demeurait. Sa charité était inépuisable et le nombre de ceux qu'elle assista est incroyable. Souvent ses serviteurs lui faisaient observer qu'elle se ruinait, et qu'elle ne pourrait atteindre la fin de l'année. Ils n'obtenaient que cette réponse admirable : Donnez, donnez toujours.

Le 6 mai 1869, Louise Luciau lègue à l'hôpital, où elle meurt, sa maison de Gouis et quelques meubles.

Le 1er mai 1898, M. le capitaine Henry, directeur de la manufacture de l'Etat de Châtellerault, en mourant, lègue à la *commune* de Durtal une somme de cinquante mille francs pour les pauvres. Cette somme est employée par la municipalité à subvenir, soit en argent, soit de préférence en nature, aux besoins des enfants de Durtal, pauvres ou infirmes.

Les recettes ordinaires qui, en 1774, s'élevaient à cinq mille francs environ chaque année, baissent à quatre mille francs en 1789, remontent à six mille cinq cents francs en 1806, à neuf mille huit cents francs en 1823, à dix-huit mille francs en 1860 et sont encore maintenant, malgré les conversions des fonds de l'Etat, de dix-neuf à vingt mille francs. En 1907, elles montent à vingt-trois mille francs.

Les Médecins de l'Hôpital

Le premier connu semble avoir été le sieur Lavenier, maître chirurgien à Gouis, en 1672, l'un des comparants de cette paroisse à la donation de René Hus. De même, suivent le sieur Chaudet, puis le sieur Noël Lair en 1743, habitant Gouis. — Du 17 janvier 1772, on retrouve l'engagement pris par Charles Perrault, Pierre Moulard et Maurice Tardif, maîtres en chirurgie, de « servir les « pauvres de l'hôpital quand les maladies le requèrent, « à la réquisition de celui qui sera de quartier, ou de « remplacer ce dernier au besoin, selon la rétribution « ordinaire, qui est de 40 livres, qui seront partagées « entre eux. »

Moulard meurt en 1779 et Jean-Baptiste Lemaire le remplace, mais abandonne son traitement, étant payé par une personne charitable (14 juin 1779).

Perrault ne tarde pas à quitter le service, trouvant ses honoraires de 20 livres insuffisants; Delhumeau, sollicité de le remplacer refuse, par délicatesse, une nomination officielle, tout en se tenant à la disposition des malades et Lemaire reste seul. Cependant, devant l'offre d'une augmentation de 10 livres, Perrault accepte de rentrer en fonctions, le 8 mars 1784; et deux ans plus tard, le 22 juin 1786, après la mort de Lemaire, il accepte comme adjoints Delhumeau et Moulard des Loges, à condition que ceux-ci abandonneront leur part d'honoraires.

Le 13 thermidor, an IX, la Commission nomme comme médecins de l'hôpital, qui va rouvrir ses portes, les deux officiers de santé : Bodinier, pour les malades externes et Delhumeau pour les malades internes, chacun aux appointements de 100 francs, réduits bientôt à 50 francs (Germinal an IX).

En l'an XIII, Bodinier disparaît, laissant seul Delhumeau, qui, trop vieux, démissionna. Filoleau le remplace le 18 janvier 1807. Il fournit une longue carrière de 34 ans, et la considération qu'il s'est acquise empêche la Commission de faire droit à la demande de M. de Beaurepaire, docteur en médecine, avant que le vieil officier de santé veuille se retirer de son gré, en conservant le titre de médecin honoraire (14 décembre 1844).

Le 30 octobre 1845, M. Penjon, officier de santé, était adjoint à M. de Beaurepaire. C'est seulement en 1853, le 3 mai, que M. de Beaurepaire étant mort, M. Penjon devenait titulaire, concurremment avec un autre officier de santé, M. Choisnet.

En 1869, M. Marchand docteur en médecine allait éprouver les mêmes difficultés que M. de Beaurepaire. C'est seulement en 1871, que fort de son droit, il est admis au service de l'hôpital avec ses deux confrères.

M. Penjon se retira en 1885, avec le titre de médecin honoraire qu'il conserva jusqu'à sa mort (1896).

M. Choisnet mourut en 1888 et M. Marchand se retira en 1891, pour être juge de paix.

Quant aux différents médecins qui continuèrent cette liste de dévouement, il faut citer M. Provenaz en 1892, M. le docteur Buquin René, qui abandonne Durtal en 1895, pour La Flèche. C'est là qu'il écrivit et illustra de son crayon artistique un opuscule intéressant sur l'hôpital de Durtal, et dont ce chapitre n'est presque tout entier que la reproduction intégrale, tant il m'a semblé parfait.

Après M. Buquin, M. le docteur Frettier en 1895, vint passer quelques années à Durtal qu'il quitta pour Sablé.

En 1899, vint M. Duplan.

La liste se clôt en 1902 par M. le docteur Poirier et en 1903 par M. le docteur Prépin. Tous deux alternent leur service par trimestres.

Notons en finissant que les émoluments des médecins fixés à 400 francs, soit 200 francs chacun, en 1857 montèrent jusqu'à 900 francs et à 1.200 francs en 1892; la commune ajoutant 300 francs à la part de l'hôpital.

Aumöniers et Chapelains de l'Höpital

La liste des différents aumôniers et chapelains de l'hôpital est assez difficile à établir, car souvent les différents curés de plusieurs paroisses, les titulaires, les bénéficiaires ou vicaires, se confondent dans leurs fonctions auprès des malades. Les registres paroissiaux ou autres avec les signatures des membres du clergé en sont la preuve authentique.

Cependant, nous trouvons cité comme chapelain M. Antoine Souchard, desservant la chapelle Saint-Laurent-du-Grip, déjà mentionné ailleurs ; suivent :

M. Desbayes, mort en 1739 ; M. Cosnières, M. de Kerfosso (1775 et 1776) ; M. Dolbeau (1778-1779) ; M. Lescurié, puis M. Moreau (1781-1784) ; enfin, depuis janvier 1788, M. Jean Lebeurier d'abord vicaire à Saint-Pierre. On a vu que déporté en 1793, il résida en Espagne à Badajoz.

Après la Révolution, l'on réinstalle dans la maison du Reposoir destinée aux aumôniers, M. l'abbé Tonnelier. Après lui, il n'y eut plus d'aumônier en titre ; les prêtres de l'église paroissiale Notre-Dame en firent les fonctions, avec des émoluments variables.

Plus loin nous mentionnerons avec les événements du XIXe siècle et du commencement du XXe ce qui reste à dire sur l'hôpital.

DURTAL PENDANT la RÉVOLUTION

L'histoire de l'hôpital nous a conduits jusqu'après la fin de la Révolution. Revenons un peu en arrière pour étudier certains épisodes de cette époque troublée dans la paroisse Notre-Dame.

Nous y trouvons pour curé M. Guillaume-Augustin Chesneau, né à Angers, le 10 juillet 1749 : il était vicaire à Tiercé, le 3 avril 1788, puis, sur la présentation de l'abbé de Saint-Aubin d'Angers, il devenait cette année même curé de Notre-Dame de Durtal. Le 23 janvier 1791, il prêta serment à la constitution civile du clergé, et aveuglé par les idées fausses du jour, il se montra persécuteur de ses confrères fidèles. Jusqu'en janvier 1794 il exerça ses fonctions curiales, mais le 15 mars suivant il remet ses lettres de prêtrise à la Municipalité de Durtal. Celle-ci le 13 mai 1795 lui délivra en retour ce qu'elle pouvait lui donner, un certificat de Civisme. De 1798 à 1799, on le trouve à Angers, où il jouissait d'une pension de 800 francs, ainsi que le mentionnent les archives municipales (G. 3.) M. Chesneau finit ainsi que beaucoup d'autres prêtres par reconnaître ses torts, et désira les réparer ; c'est pourquoi profitant de la paix apportée à la France par le Concordat, il se soumit à l'Église, se rétracta et le 13 novembre 1803, Mgr Montault-des-Iles, évêque d'Angers, le nomma curé de Courchamps. Plus tard il devint curé de Behuard, le 22 septembre 1806, et il y mourut le 19 mars 1825.

Dans son séjour à Durtal il fut mêlé à différents épisodes, qu'il faut mentionner pour donner une idée des esprits dans la paroisse Notre-Dame.

D'après le registre des délibérations du Conseil municipal, commencé le 22 février 1790 et terminé au commencement de 1795, M. Chesneau, à la pluralité des voix des citoyens actifs de la communauté de la paroisse, assemblés dans l'église Notre-Dame de Durtal, fut nommé président du nouveau Conseil municipal. Ce Conseil décida le 28 février 1790 de se réunir tous les jours de la semaine, de 9 heures à midi, et de 2 heures à 5 heures du soir.

La municipalité de Saint-Pierre se fusionne avec celle de Notre-Dame pour n'en former qu'une seule ; M. Chesneau la préside

Le curé de Notre-Dame est encore choisi comme président de tous les citoyens du canton (Notre-Dame, Saint-Léonard, Gouis et Saint-Germain-sous-Daumeray). — Le 14 juillet se célébra au Champ de Mars (terrasse du château) la fête de la Fédération. Un autel y fut dressé, malgré la pluie ; M. le curé Chesneau y célébra une messe basse, à l'issue de laquelle il prononça un discours impressionnant..... dit-on : Après la prestation du serment fédératif par les officiers municipaux, clergé et notables des trois paroisses Notre-Dame, Saint-Pierre et Saint-Léonard, et même par des troupes d'enfants, on défila devant l'autel, pendant que l'artillerie tonnait et qu'on chantait le *Te Deum*, et que s'y joignaient des cris d'allégresse. L'acte commémoratif est signé : Chesneau, curé de Durtal (*Archives municipales*).

Le 20 janvier 1791, Chesneau déclare que le dimanche suivant il prêtera le serment décrété par l'assemblée nationale le 27 novembre précédent, et il réclame d'avance qu'on lui en donne acte : ce qui fut octroyé, et il signe : Chesneau, curé de Notre-Dame.

Le dimanche 23 janvier, le Conseil général se rend en corps dans l'église et paroisse Notre-Dame, et à l'issue de la grand'messe, tous les membres du Conseil sont rangés au pied de l'autel pour entendre prononcer le

serment dudit sieur Chesneau. Ensuite on en dresse un
acte, que signèrent entre autres : Chesneau, curé, Pierre
Teillay, Bouteloup, Jarphagnon et Androuin.

Le 20 mars, M. Chesneau réclame du maire une attestation de sa prestation de serment, un certificat de
bonnes vie et mœurs. Quelle déchéance !

Le 16 prairial an II, jour de décadi, il doit être célébré
une fête en l'honneur de l'Etre suprême en exécution de
la Loi ; attendu qu'il convenait qu'elle soit célébrée avec
la décence due à Celui qui nous regarde avec l'œil « *la
plus attentive* » (sic), et qui par sa Toute-Puissance nous
a fait rendre à la Liberté, qu'en conséquence il convenait de nommer huit commissaires pour la préparation
de cette fête, le Conseil général considérant que cette
fête doit être célébrée avec toute la modestie que mérite
un Etre aussi puissant, a délibéré. On a nommé les
citoyens Prud'homme, Courtigné, Delhumeau, Hervé,
Fournier l'aîné, René Grout, Crosnier père et Raine, dit
Décadi.

Le registre des délibérations raconte à la date du
20 frimaire, an II, que la municipalité avait subi une
terrible panique. En effet, épouvantée par la nouvelle
que trois colonnes de soldats vendéens marchaient sur
Le Mans, Sablé, Château-Gontier, elle avait transporté
le 9 de ce mois à Baugé beaucoup de papiers, pour les
mettre en sûreté. Mais le danger approche et le 17 frimaire elle s'enfuit à Châteauneuf. Il y eut à cette déroute
un vrai pillage de la mairie et des maisons. On enleva
les papiers qui restaient ; beaucoup sont déchirés et
brûlés dans les rues. Les municipaux avec un seul
cheval fuient la veille de l'arrivée des Vendéens ; en
route ils prennent un second cheval, mais plus ou moins
ivres et effarés ils perdent dans les fossés des papiers
précieux. Perte irréparable qui laisse une grande lacune
dans l'histoire de Durtal.

Nous avons vu qu'à l'hôpital Hortion avait chassé les sœurs infirmières ; le même jour on mit à l'adjudication l'entreprise d'effacer toutes les fleurs de lys qui sont dans l'église Saint-Pierre, aux deux autels du chœur de Notre-Dame, et de descendre les statues des saints qui sont dans l'église Saint-Pierre. Le citoyen Voluette prend l'adjudication pour 38 livres, et on lui fournit les cordages.

Le 28 juin 1791, le Procureur de la Commune a dit que les sieurs Lebeurier, curé de Saint-Pierre, et Giffard, vicaire de cette paroisse, ayant satisfait à l'arrêté départemental du 24 de ce mois, devraient partir avec la garde nationale pour se rendre au chef-lieu du département. Que l'église se trouvant sans fonctionnaire et sans prêtres, il était urgent de veiller attentivement aux vases sacrés, et de les transporter dans l'église Notre-Dame. La municipalité devait donc faire l'*inventaire* en présence de MM. Chesneau et Carnot, prêtre curé-prieur de Saint-Léonard de cette ville. Inutile de donner ici le détail de cette sinistre opération, prélude nécessaire et hypocrite de toute confiscation. Elle ressembla à celle précédemment faite à Gouis, même sur ce point que l'on transporta solennellement le ciboire d'argent, rempli d'hosties consacrées, dans l'église Notre-Dame. Le reste de l'argenterie a été transporté chez le sieur Michel Brouard-Rainière, maire de Durtal, et les ornements sont restés dans la sacristie de Saint-Pierre, sous la garde du sacristain Pierre Bazot.

Le 9 novembre 1791, tous les ornements ont été transportés *sur une charrue*, de la sacristie de la ci-devant église Saint-Pierre dans l'église Notre-Dame.

Le 15 janvier 1792, M. Chesneau est sommé de remettre à la Municipalité les registres de Saint-Pierre. Il y en a cinq de 1600 à 1708, et dix-sept de l'an 1708 à 1791.

L'inventaire de l'église de Gouis avait été fait le 8 juin 1791 par la Municipalité de Durtal autorisée par le Directoire de Châteauneuf. Elle devait procéder à cette sinistre fonction en présence de M. le curé de Notre-Dame et de M. Carnot, pour que les vases sacrés fussent remis à l'un des deux prêtres. La Municipalité s'était rendue à Gouis avec le sieur Carnot seul fonctionnaire présent pour transporter les vases sacrés dans l'église Notre-Dame, jusqu'à ce qu'il y eût un prêtre à Gouis. Les scellés reconnus, on pénétra dans l'église avec M. Carnot et le sieur Audiau, tisserand, faisant fonction de sacriste en l'absence du sacriste officiel Pierre Méfray. Suivent les détails d'inventaire ... Les dits vases ont été portés processionnellement dans l'église Notre-Dame de Durtal, et déposés dans la sacristie. Signé : Carnot, prieur-curé.

Le 11 mars 1792, sur la demande des habitants de Gouis, M. Carnot est prié de dire chaque dimanche la messe à Gouis à 9 heures et dans l'église de Notre-Dame à 8 heures, pour la facilité du « *général* » de la Commune.

Le 15 janvier 1793, on somma M. Carnot, en vertu de la Loi du 20 septembre dernier, de livrer ses registres à l'état-civil. Il le fait. Ces registres, au nombre de 34, comprennent les actes des années 1598 à 1791. Alors, M. Carnot signe Carnot *ancien* prieur de Saint-Léonard.

Le 11 novembre 1793, les deux cloches de Saint-Léonard suivent la destinée des deux cloches de Notre-Dame, des trois cloches de Gouis, des deux cloches de Saint Pierre, de la cloche de l'hôpital, des petites cloches, une du Grip, une de Cranne, une de la Madeleine, et une d'Auvers. Le 1er floréal, an II, on avait donné en tout douze cloches !

Lecture est faite d'une lettre de l'agent national près le

district de Châteauneuf en date du 25 germinal, par laquelle il enjoint à la Municipalité de faire transporter dans les 24 heures de sa réception toutes les cloches et bronzes qui sont en réquisition au district de Châteauneuf. On a délibéré que le citoyen batelier a été requis avec un bateau et trois hommes d'aller à Angers porter les cloches sus-dites, dont nous avons pu constater le poids, et ont été remises en cet état audit citoyen Chaudet, lequel est chargé d'en rapporter une décharge en forme des citoyens administrateurs du district de Châteauneuf. On lit en marge : Le citoyen Chaudet n'a point rapporté de reçu du district.

D'autre part les deux cloches de Saint-Pierre ont été renvoyées par l'ancienne Municipalité par Poitevin, batelier, dont elle n'a point de reçu. On laisse cependant une cloche à Notre-Dame suivant la Loi, peut-être est-ce celle fondue en 1724 ; mais à son tour on voulut l'enlever en 1796. La Municipalité décide de la garder comme timbre d'horloge publique. Il y a en tout ceci une certaine obscurité qui a fait croire, et non sans raison, que le batelier Chaudet en livrant son chargement de cloches, en avait noyé deux dans le Loir, l'une pour Notre-Dame, l'autre pour Gouis, et n'avait livré que les autres.

En tout cas, avant de partir pour être fondues à Angers, les sus-dites cloches furent descendues de leurs beffrois par le sieur Voluette, qui avait pris cette besogne par adjudication, et qui les déposa provisoirement dans le magasin d'un citoyen G..., situé dans la cour du Suif, ou plutôt du Suisse, tête de l'ancien pont de bois sur les bords du Loir.

On appelle ainsi une cour entourée de maisons, située au pied du château façade sud, tout au bord de la rivière, limitée à droite par les deux moulins, l'un à farine, l'autre à tan, et par leurs dépendances, et à gauche par des jardins et cours diverses. On y accède par la rue, dite du Moulin. A cette cour aboutissait le pont de bois reliant la ville à Saint-Léonard. Dans la cour du Suif. on ne trouve pas trace qu'il y ait eu là des magasins pour le suif, ou pour la fabrication des chandelles de suif. Mais il y a des vestiges d'un vaste bâtiment regardant la rivière, qui servait de corps de garde, ou de gendarmerie, pour y loger les *Suisses* du château.

De là sans doute le vrai nom de cour des Suisses, travesti avec le temps par le peuple en celui de cour du Suif.

Depuis 1850 il ne reste plus de ce poste avancé que la tour de l'escalier en vis, de forme hexagonale, haute d'environ douze mètres. Elle était placée derrière le bâtiment, c'est-à-dire au nord, et au milieu du logis, pour desservir l'étage supérieur et les greniers.

Cette tour seule a été conservée, et elle orne le jardin de M. Guyon, notaire.

Dans cette même cour, en nivelant, il y a quelques années, le sol d'une maison démolie, l'ouvrier maçon découvrait une sorte de canal fait en belles dalles, large d'environ un mètre et profond d'environ deux mètres. Ce canal se dirigeait vers le Loir, d'une part, et de l'autre vers la cour sud-est du château ; il contenait un peu d'eau. Etait-ce un égoût du château ? Les perquisitions commencées n'eurent pas de suite On se plaît à supposer que ce canal était un passage souterrain, par lequel les gardes pouvaient communiquer avec la prison du château : Mais où sont les preuves absolues ? Cependant la présomption est en faveur de l'affirmative, car nous verrons plus loin qu'à Durtal il y avait de semblables souterrains, de beaux vestiges en existent encore en ce XX⁰ siècle.

Le registre des délibérations du Conseil municipal de 1795 à 1800 est perdu.

Notice sur M. Carnot, Prieur-curé de Saint-Léonard

Jean-François, né à Saint-Eustache de Paris le 14 juillet 1730, de Denis Carnot et de Marie-Jeanne Lefort, proche parent de Carnot, l'organisateur de la victoire, entra dans l'ordre Cistercien et devint prieur de l'abbaye de Chaloché, dans le Baugeois. Le 13 novembre 1768, il prit possession du prieuré de Saint-Léonard de Durtal. Plus tard, le 30 janvier 1791, il prêta serment à la Constitution civile du clergé Peu après, la paroisse de Saint-Léonard ayant été constitutionnellement réunie à celle de Notre-Dame de Durtal, M. Carnot vit son église d'abord fermée, puis dégarnie de son mobilier, enfin démolie. Il devint à ce moment vicaire de M. Chesneau et, en cette qualité, il prêta le serment de Liberté et Égalité. Le 23 mars 1794, il renonça à ses fonctions ecclésiastiques. Le 8 avril 1797, il promit soumission aux lois de la République ; mais le 1er juin, il se rétracta publiquement de tous serments. Alors il reprit l'exercice légitime de ses anciennes fonctions, bientôt interrompues par le Coup d'État du 18 fructidor (Archiv. munic. L. 964-965-255).

Enfin, au Consulat, M. Carnot reparut à l'autel, mais non sans protestations au moins tacites de quelques personnes, qui ne pouvaient pardonner ses apostasies précédentes

Le 21 février 1814, il mourut à Durtal, dans une salle du pavillon Schomberg ; son acte de décès porte qu'il remplit jusqu'à la fin de sa vie les fonctions de vicaire.

Voici le texte du serment schismatique de M. Carnot, fait le 30 janvier 1791. Il ressemble presque mot pour mot à celui de tous les autres serments exigés par l'Assemblée nationale du 27 novembre 1790, acceptés par le Roi, et obligeant les ecclésiastiques et les fonctionnaires.

M. Jean-François Carnot ayant déclaré au greffe de la

Municipalité que son intention était de prêter ledit serment, le Conseil général s'est rendu dans l'église dudit Saint-Léonard à l'issue de la grand'messe, où étant et ayant fait les interpellations requises au sus-dit curé, il a prêté le sus-dit serment en ces termes : « Je jure « d'être fidèle à la Nation, à la Loi et au Roi ; de main- « tenir de tout mon pouvoir la *Constitution décrétée* par « l'Assemblée Nationale et acceptée par le Roi, et de « veiller avec soin sur tous les fidèles de ma paroisse, et « ce conformément au décret du 27 novembre dernier et « 4 janvier aussi dernier. Duquel serment ledit curé « a requis acte que nous lui avons octroyé, et ledit « Conseil général s'est retiré pour rédiger le présent acte ».

Une autre pièce des Archives municipales confirme malheureusement la précédente.

« Je soussigné, ancien prieur de Saint-Léonard de « Durtal, déclare que ne désirant rien tant que d'obéir à « *tout* ce que le gouvernement peut désirer de moi ; « conduit en cela par mon amour pour la paix, mon « désir d'éloigner tout ce qui pourrait occasionner le « moindre rassemblement, en un mot, vû l'état actuel « de la République, je déclare faire la démission de ma « Cure, supprimée toutefois depuis deux ans, et m'en- « gage de cesser dès ce moment toutes fonctions publi- « ques de mon ministère. Fait à St-Léonard ce 3 germi- « nal l'an II de la République une et indivisible ». Signé Carnot, ancien curé de St-Léonard. Enregistré au dépar- tement de Maine-et-Loire, à Angers, le 10 germinal, an II de la République, n° 130, Signé : Dordigné, Martin Leter- me, Saulnier président et Letourneau secrétaire général.

L'an II, le 19 fructidor, la Municipalité de Durtal donnait ce signalement de M. Carnot, âgé de 64 ans, taille cinq pieds six pouces, cheveux et sourcils gris, front large, yeux bleus.

Notice sur M. Ambroise-Augustin Giffard
vicaire de Durtal
pendant la Révolution

M Giffard naquit le 18 avril 1762 à Saint-Germain-sur-Ay (Manche) ; il était donc compatriote de M. Raymond Lebeurier. Il était vicaire de Saint-Pierre dès le 20 janvier 1788 ; on voit sur les registres de cette paroisse sa signature jusqu'au 20 juin 1791. Le 28 de ce mois, la Municipalité le fit conduire à Angers comme prêtre insermenté : là, il fut emprisonné au Séminaire (L. 365). Le tribunal du district de Châteauneuf le condamna le 14 juillet suivant à être banni pendant trois ans à cinq lieues de son ancienne paroisse. Cependant quand survint l'amnistie un mois plus tard, le 14 septembre 1791, M. Giffard en profita pour revenir à Durtal : mais ce ne fut pas pour longtemps, car le 1er février 1792 le département ordonna, par un arrêté de ce jour, à tous les prêtres insermentés de venir demeurer à Angers. M. Giffard, qui, avec raison, craignait un piège, refusa d'obéir et se déroba. On ne sait ce qu'il devint pendant la terreur. Mais dès le début du gouvernement Consulaire, il reparut à Durtal, où il exerça à Notre-Dame les fonctions de vicaire. Peu après le Concordat cet excellent prêtre fut nommé curé de Daumeray. En 1834, le 17 juin, il opta pour la cure de Saint-Germain-sous-Daumeray, et il y mourut en 1843, âgé de 80 ans et quelques mois.

Notice sur M. Pierre-François Brénigard

Né à Paris le 3 janvier 1733, M. Pierre-François Brénigard fut ordonné prêtre le 20 septembre 1760, et nommé le 20 avril 1763 prieur à vie de Sainte-Croix-du-Verger, à Seiches. Il y vivait seul, religieux ermite, et il déclara au district de Baugé le 21 août 1790 qu'il voulait rester en religion. Le 2 août 1791, le district de Baugé procéda à la vente du mobilier du prieuré du Verger : mais, depuis le 20 juillet précédent, ledit prieur se trouvait à Durtal, vicaire constitutionnel de M. Chesneau. D'un esprit faible, hésitant, subissant l'influence de son grand ami Carnot, dont il fut plus d'une fois la dupe, il remit ses lettres de prêtrise à la Municipalité de Durtal, le 6 mars 1794. Il avait cessé toute fonction ecclésiastique depuis le 1er février de cette même année. Trois ans plus tard, le 11 avril 1797, il fit encore la promesse de soumission aux lois de la République, et il ne cessa pas d'habiter Durtal jusqu'à sa mort, arrivée le 26 février 1807. A l'exemple de Carnot il s'était rétracté sincèrement, et il exerça ses fonctions légitimement dans l'église Notre-Dame.

Le 17 pluviose, an III, on trouve son nom dans la la liste de bienfaisance, ouverte pour l'acquisition des blés dans la Beauce. Il avait souscrit pour 100 livres d'argent.

Dans cette même liste figure aussi M. l'abbé Jacquesson. Ce prêtre né à Durtal fut curé de Brissac. Ayant abdiqué malheureusement ses fonctions ecclésiastiques, il s'était retiré auprès de ses confrères qui avaient prêté le serment. M. Jacquesson était né le 15 mars 1750. Il mourut curé de Brissac en l'année 1824.

Notice sur M. Chollet

Parmi les prêtres ou religieux, qui ont occupé des fonctions ecclésiastiques à la fin du XVIIIe siècle en ce pays, nous devons faire une mention spéciale du R Père Antoine Chollet, qui signait toujours : Prêtre catholique. Il fut la providence des chrétiens de Durtal et des environs pendant la terreur. Il mérite que sa mémoire se conserve longtemps dans les familles qu'il évangélisa au péril de sa vie.

Aux débuts de la Révolution, M. Chollet était prieur des chanoines réguliers de l'abbaye royale de Saint-Jean l'évangéliste du Mélinais, près la Flèche. A cette époque Mélinais dépendait du diocèse d'Angers. L'entrée même de l'abbaye ouvrait dans la paroisse de Clefs.

Nous croyons devoir rappeler en passant qu'à quelques lieues de là, dans la paroisse de Denezé-sous-le-Lude, canton de Noyant, les Bénédictins cisterciens possédaient la splendide abbaye de la Boissière, où depuis des siècles ils conservaient la précieuse relique de la vraie Croix, connue aujourd'hui sous le nom de vraie Croix de Baugé. Le chevalier Jean d'Alluye, seigneur de Château-la-Vallière et de Saint-Christophe (Touraine et Anjou) l'avait apportée de la croisade, comme en fait foi le document cité en note [1]. Il en fit don à son retour au monastère de la Boissière. Dès les premiers jours de la Révolution, les impies s'emparèrent de ce trésor, mais le 2 octobre 1790 Mlle Renée-Félix Hardouin de la Girouardière, fondatrice des Incurables de Baugé, réussit

(1) « Aux vénérables pères et frères en Jésus-Christ, les archevêques, évêques, abbés, prieurs et autres prélats des Églises qui verront ces présentes, Thomas par la grâce de Dieu évêque d'Hiérapetra et d'Arcadie salut en Celui qui est notre salut.

Nous voulons qu'un chacun de vous ait la connaissance que, comme noble homme, Jean d'Alluye, seigneur de château (la Vallière) et de Saint-Christophe, s'en retournait des pays d'Outre-Mer ; considérant de plus près sa bonté et dévotion, il nous a semblé lui faire présent d'une certaine pièce du salutaire bois de la Croix vivifiante, que Gervais, d'heureuse mémoire, patriarche de Constantinople, nous avait autrefois donnée, laquelle comme bien nous savons, Emmanuel, de bonne mémoire, empereur de Constantinople, portait quand il allait au combat contre les ennemis de la Croix...

.. Partout nous supplions plus instamment vos paternités, vos fraternités, vos dominations, que recevant avec dévotion et révérence le susdit sanctuaire et relique, vous daigniez que, par la miséricorde de Dieu, nous soyons fait participant de vos oraisons.

Donné en l'Ile de Crète, en la cité de Candie le jour de la fête des saints Hippolyte et ses compagnons, l'an de notre Seigneur mil deux cent quarante-et-un ! »

à le racheter, et depuis la vraie Croix fut toujours conservée dans la chapelle de cet établissement.

Il convient d'ajouter que cette noble demoiselle comblée de tous les dons de la fortune se voua au service des pauvres et des malades et fonda pour eux le précieux refuge que la ville de Baugé est fière de posséder. Mlle de la Girouardière mourut aux Incurables le 10 décembre 1827, âgée de 87 ans, laissant le souvenir d'une vie de dévouement et de charité.

En vertu des pouvoirs extraordinaires accordés par Mgr de Lorry, évêque catholique d'Angers, à tous les prêtres non-assermentés de son diocèse, pour le temps de la persécution contre l'église, M. Chollet avait commencé le 5 octobre 1795 un registre contenant les actes de baptêmes et mariages, faits à partir de 1791 jusqu'à 1797. L'ordre n'y est nullement gardé pour les dates. Il signe chaque acte : Chollet, prieur et curé du Mélinais. M. Chollet vivait toujours errant et caché, parcourant les paroisses du Pé, de Daumeray, de Morannes, Baracé, Huillé, Gouis et Durtal.

Il fut pourtant arrêté en vertu d'une nouvelle loi du 7 juillet 1798, et emprisonné à Angers avec Pierre Gaudin, vicaire à Chemiré-sur-Sarthe, prêtre catholique comme lui ; avec Dominique Vergne, ancien vicaire de Beaufort, devenu d'abord curé constitutionnel de cette ville, mais qui s'était réconcilié avec l'église en 1795, après la mort de Robespierre. Ces trois prisonniers furent conduits presque immédiatement à Rochefort-sur-Mer. Le 13 août, ils montèrent sur la corvette « La Bayonnaise » qui les conduisit à la Guyane avec 194 autres prêtres. Les trois prêtres angevins et beaucoup de leurs confrères d'exil furent confinés dans les déserts insalubres de Sinnamari. C'est là que succombèrent les trois martyrs: M. Dominique Vergne le 15 novembre 1798,

M. Antoine Chollet le 9 décembre même année, et M. Pierre Gaudin le 17 février 1799 [1].

Voici un récit concernant l'apostolat de M. Chollet au Pé, près Durtal. Des témoins encore vivants ont entendu leurs grands-pères raconter ce qui suit et me l'ont rapporté fidèlement. M. Pierre Charnacé, né le 8 mars 1781, demeurant à Durtal dans le faubourg Saint-Pierre disait à son fils : « Qu'il avait fait sa première communion « pendant la Révolution dans la paroisse de Notre-Dame « du Pé, de la main d'un prêtre caché, qui n'était autre « que M. Chollet. Pendant toute l'année qui précéda la « Communion, ses parents le conduisaient deux ou trois « fois par semaine, pendant la nuit, à la paroisse du Pé, « distante de plus de deux lieues, par des chemins « affreux, surtout l'hiver, à travers bois et fondrières. « Le jour de la communion, ou plutôt la nuit de la com- « munion, le prêtre, au lieu de donner un cierge, donna « à chaque enfant une petite Croix de bois. Pierre « Charnacé la suspendit au chevet de son lit jusqu'à sa « mort : Alors, suivant sa volonté, on la déposa avec « son corps dans le cercueil. » Quels beaux exemples de foi courageuse aux parents et aux enfants du xx° siècle.

En terminant ces quelques notes sur M Chollet, il nous semble bon pour donner une idée des souffrances physiques et morales qu'il endura sur les pontons de Rochefort, de citer le témoignage écrit d'un de ces confesseurs de la foi !

« Pour se représenter, dit-il, l'atroce manière dont on nous traitait, il faut réunir dans son imagination tout ce qu'il y avait de plus grossier dans les propos de nos bourreaux, de plus impie et de plus obscène dans leurs injures, de plus effrayant dans leurs cris sauvages et

---

(1) Dom Piolin.

dans leurs menaces. Rien ne peut égaler l'inexprimable
réalité de tant d'horreurs. On nous dépouillait de notre
argent, on déchirait sous nos yeux nos livres de piété
avec rage et mille blasphèmes ; à peine nous laissait-on
une seule chemise de rechange. Dans une ville qu'il
fallut traverser en nous rendant à Rochefort, nous fûmes
forcés d'assister sur la place publique à l'exécution d'un
condamné à mort en haine de la religion ; puis, on nous
entassa brutalement dans la prison trop étroite. Si, par
hasard, quelques personnes nous témoignaient un peu de
pitié, c'était à la dérobée et par exception.

« Les habitants de la province, affolés par les calomnies colportées contre les prêtres, devenaient plus cruels.
Nous entendîmes un commandant de volontaires, qui
criait aux victimes : « Si vous étiez des animaux, on
pourrait avoir quelque pitié pour vous ; mais étant des
monstres, vous ne méritez aucune compassion. » L'âme
populaire, toujours crédule et ignorante, devint sous
l'influence de ces excitations diaboliques, d'une cruauté
inouïe. A cette influence, dont Paris donna le signal, se
joignit chez beaucoup de provinciaux encore pacifiques
la peur de se compromettre et alors chemin faisant les
malheureux déportés ne pouvaient plus avancer dans
leur propre pays, ils tombaient le long des routes,
épuisés de fatigues, de faim, de misère et d'émotions.
Un tel supplice n'était pourtant pas encore aussi grand
que celui qui les attendait sur mer. Là, les pauvres prêtres, dont un très grand nombre de vieillards et d'infirmes, furent reçus avec les malédictions effroyables des
matelots: « Que n'avons-nous, criaient-ils, un canon chargé
à mitraille pour balayer d'un seul coup tous ces prêtres
maudits. » En même temps, ces infortunés prisonniers
étaient, sans aucune précaution, entassés comme des
marchandises, à fond de cale ou dans les bas entreponts,

là où l'on ne peut se tenir debout, et dans une obscurité complète. Ils ne pouvaient se mouvoir tant soit peu sans se blesser mutuellement. Pour nourriture, du pain et de l'eau ; mais quel pain ! quelle eau ! — Quelques-uns se trouvaient pêle-mêle avec des forçats, vrais démons galeux, répugnants de vermine, de saleté, de puanteur et d'infâmes propos — Est-ce tout ? Non... mais on ne peut tout dire. Il suffira d'ajouter que cet enfer dura des mois, et pour les plus jeunes et les plus vigoureux des années. Les travaux forcés, les privations, les chagrins, la contagion, alimentaient la mort au point que peu arrivèrent au lieu meurtrier de la déportation Peut-être quatre ou cinq pour cent. Quels spectacles ! quelle histoire ! »

Pendant la Révolution, Durtal compta plusieurs martyrs [1]. Voici leurs noms :

Jean Goglé, laboureur, fusillé au champ des Martyrs d'Avrillé, le dimanche 12 janvier 1794. Cette première fusillade compta 105 victimes.

Françoise Pagis, née à Gouis, femme de François Rouleau, 62 ans, d'Angers « suspectée pour avoir hébergé un curé refractaire ; n'a jamais assisté à l'office du prêtre sermenté, de son aveu ; elle est fanatique (catholique). »

Marie Potier, 41 ans, de Durtal, « domestique de prêtre refractaire, arrêtée pour avoir eu très grand soin de ce prêtre. »

Anne Vidamour, 53 ans, fileuse, de Durtal, « a donné à souper au curé de Durtal, ayant été autrefois sa domestique. »

Ces trois femmes, arrêtées uniquement en haine de la

[1] Conformément au décret d'Urbain VIII, nous déclarons que dans notre ouvrage, si le nom de saint ou de martyr est prononcé, nous ne voulons nullement prévenir le jugement de l'Église, et exprimons seulement un sentiment personnel d'admiration pour les vertus des personnes citées.

religion catholique, furent condamnées à mort et fusillées au champ des Martyrs d'Avrillé, le samedi 1er février 1794. Ce jour-là 400 personnes tant hommes que femmes furent exécutées.

La cause de Béatification des Martyrs angevins va être introduite en cour de Rome et il y a tout lieu d'espérer que ces vénérables martyrs seront placés sur les autels.

D'autres personnes furent déclarées suspectes. Le 23 mars 1793 on enjoint « à Marie Tanqueray, femme de Nepveu, notaire en cette ville et à la veuve Brunet vivant maréchale » de se rendre à Angers et d'y résider jusqu'à ce que la tranquillité publique soit rétablie, sous peine d'y être contraintes par force armée, car « la Municipalité est autorisée à faire mettre en état d'arrestation tous citoyens et citoyennes qui n'ont pas été depuis le commencement de la Révolution dans les vrais principes de la Constitution. »

Le 18 pluviose, an II, la Municipalité décide de réclamer plusieurs personnes de la commune détenues à Angers. Ce sont les filles Baseau et deux sœurs Gaultier qui ont écrit à la Municipalité.

Comme conclusion de cette histoire de Durtal pendant la Révolution nous ne saurions mieux faire que de citer les paroles de M. Gaston Boissier, de l'Académie française. « Il est bon, dit l'éminent historien, d'établir entre le passé et le présent des rapprochements instructifs ; autrefois nous éclairera sur demain. Les hommes sont toujours de même nature en tout temps et partout. Il ne faut pas compter sur eux. Souvent la barbarie sommeille sous des semblants d'élégance et de civilisation : il suffit de peu de chose pour faire monter à la surface ce fond humain de boue et de sang que recouvrent des habitudes de raffinements luxueux et de douceur philosophique ». Nous voulons espérer que le triste passé de 1793 ne revivra pas de sitôt dans notre pays.

LE COMTÉ DE DURTAL

Son étendue

Le comté de Durtal consistait en la *Vicomté* de Blaison, Baronnie de Mathefelon, Châtellenies de Lézigné, La Chapelle Saint-Laud, Singé, Vieilleville, bordant du côté du Maine : Sablé, Malicorne, Le Lude, du côté de l'Anjou, Baugé, Beaufort, Angers, Briollay, Châteauneuf.

Plusieurs comtés et baronnies en relevaient : Le Lude, La Motte-sous-le-Lude, Luché, Gisors ; Percheseul, comprenant Parçay, le Bailleul et Avoise ; Azé, près Château-Gontier ; d'autres encore comme La Barbée, Moulines, Forte-Maison, Sombre, Étriché, Auvers, La Rochebouët, Vaux-de-Chaumont, Montreuil-sur-Loir, La Roncière-de-Mathefelon, Les Loges, La Motte-de-Baracé, Osmère, La Bourelière, Launay, Le Sentier, Gringuelières, La Rochejacquelin, Le Serrin, Coué, La Motte-Crouillon, La Bouchelière.

Redevances

Le Lude doit chaque année à la sainte Madeleine un épervier réclame avec sonnettes d'argent. Tous ceux qui relèvent du château de Durtal doivent faire la garde du château quarante jours par an, en temps de guerre, et à leurs dépens. Tout bateau chargé de sel doit douze boisseaux de sel, montés dans les greniers du château.

Superficie

La superficie de la commune de Durtal à notre époque XX° siècle est de 6.056 hectares dont 1.248 sont en bois ; une partie dépend de la forêt de Chambiers.

Population

La population de Durtal en
1699 comprenait   292 feux en ville et en campagne.
1726   —   1.126 habitants.
1750   —   674 feux et 3.270 habitants.
1826   —   3.330 habitants.
1831   —   3.467 habitants.
1841   —   3.452 habitants.
1851   —   3.553 habitants.
1861   —   3.526 habitants.
1866   —   3.512 habitants.
1872   —   3.284 habitants.
1903   —   3.174. habitants.

La population agglomérée en 1872 était de 1.440 en ville et faubourgs avec 441 maisons et 470 ménages.

VILLE DE DURTAL

Les maisons de la ville de Durtal forment trois rues principales, assez longues, serpentant sur le coteau ou le long du Loir. Il y a une cinquantaine d'années on trouvait encore, en grand nombre, des logis du XVIᵉ siècle.

La rue Saint-Pierre était très étroite ; une charrette seule y pouvait passer. Le milieu était creusé en ravin rempli de pierres et de gros cailloux roulants. Les côtés, avec talus en terre gazonnée, soutenus par des plantations de groseillers épineux, retrécissaient encore la voie qui, aux grandes pluies, n'était plus qu'un torrent regagnant la rivière en passant entre les anciennes helles et le puits des halles. Dans cette rue deux ou trois maisons avaient des perrons avec rampes.

Avant l'année 1853, la rue principale était la rue Basse, qui partait du grand pont, contournait le château et se dirigeait vers le pont de Gouis en rasant les vieilles halles. Cette rue très étroite était la grande artère par où passaient les troupeaux de bœufs de Vendée qui se rendaient à pied au marché de La Villette. C'est aussi par cette rue mal pavée que passaient les diligences qui faisaient le service entre Paris et Angers, et les chariots les plus encombrants.

Ce n'est qu'en 1853 que fut ouverte la grande rue conduisant directement du grand pont à la côte de Gouis.

A ces trois rues il faut ajouter le faubourg Saint-Léonard, situé sur la rive gauche du Loir. Avant que la grande route d'Angers à Paris fût construite sous Louis XVI, le bourg de Saint-Léonard se trouvait sur la route de Paris, qui alors passait sur le vieux pont remplacé par le nouveau en 1750 et aboutissait à la rue du Moulin.

Afin de se faire une idée exacte du vieux Durtal, il est nécessaire de décrire avec quelques détails les anciennes halles.

Elles étaient situées à la même place qu'aujourd'hui, sauf qu'elles se présentaient perpendiculairement à la porte de l'Est du château et non parallélement. Elles bordaient la rue Basse, Le puits des halles était à l'Est et à deux ou trois mètres, à l'angle du carrefour, à l'endroit où se trouve une pompe. On ne sait plus à quelle époque ces vieilles halles furent bâties, mais beaucoup de Durtalois vivant encore nous en ont fait cette description :

C'était un vaste bâtiment large d'environ huit mètres

Vieilles Halles.

à l'intérieur et long de vingt-deux mètres. Il comprenait un rez-de-chaussée avec une porte latérale à l'Est, une autre petite porte au milieu de la façade regardant le nord, et à l'extrémité ouest une grande porte, comme les autres sans fermeture. Dans l'intérieur, se trouvait au milieu un escalier en pierre conduisant à l'étage supérieur. Cet étage était supporté au fond par un mur, et sur les trois autres côtés par des poutres debout reposant elles-mêmes sur un mur d'appui peu élevé, et reliées entre elles par d'autres poutres entrecroisées. Dans l'étage supérieur, se trouvait au milieu une salle des pas perdus, à gauche deux chambres pour la Mairie, et à droite deux chambres pour la Justice de Paix. Il n'y avait de fenêtres que sur la façade, c'est-à-dire au Nord, et une fenêtre au-dessus de l'entrée latérale *Est* des halles. Le toit en ardoise était surmonté d'un campanile pour l'horloge.

LE LOIR

On ne peut omettre en parlant de Durtal de dépeindre
ce qui en fait en grande partie la beauté. Ce joyau de la
nature que nous appelons le Loir, s'appelait en l'an 615
Ledus puis Fluvius Lid ou Lith au VIIe siècle, et même
Liddus en 808. Enfin en 1060, on lui donnait le nom de
Liddus flumen : au XIIIe siècle celui de Lidericus et
Lairis en 1494.

Le Loir prend sa source en Eure-et-Loir, sur la colline
de Saint-Eman. Il entre en Maine-et-Loire à 176 kilomètres au-delà de sa source, et à un kilomètre en amont
de Chalou, commune de Durtal. Il coule du sud au nord
et immédiatement par une courbe il s'incline de l'est à
l'ouest. Dans son parcours sur le territoire de Durtal et
au-delà, le Loir est artificiellement navigable au moyen
des treize portes marinières : Chalou, Gouis, Durtal,
Chauffour, Ignerelles, Les Moulins-Neufs, Prigne, etc.

La largeur de son lit est ici en moyenne de cinquante
mètres, et jamais moins de quarante. Son fond est de
sable mêlé d'argile et de gravier, assez consistant pour
ne pas être sensiblement déplacé, et encadré par des
berges bien résistantes à l'action des eaux.

Cette rivière profonde, calme et limpide, qui rajeunit
tout ce qui l'avoisine, est bien, avec ses rives herbeuses et
ombragées, dans le caractère de cette Renaissance qu'on
dirait faite pour elle. Nos poètes nés sur ses bords,
Racan, Ronsard, Lazare de Baïf et son fils Jean Antoine,
l'ont chantée avec amour. Malgré la peine de sa disgrâce,
malgré les ennuis du voyage, le jeune poète Gresset,
interné à La Flèche pour expier une poétique histoire
un peu compromettante, dut être ravi d'admiration pour

Vue de Durtal et du pont sur le Loir.

ce vallon si gracieux, si l'on en juge par les jolis petits vers, drôles et malins, où il exhale sa mélancolie :

> « La Flèche pourrait être aimable,
> « S'il était de belles prisons ;
> « Un climat assez agréable,
> « Des petits bois assez mignons,
> « Un petit vin assez potable,
> « Des petits concerts assez bons,
> « Un petit monde assez passable,
> « La Flèche pourrait être aimable,
> « S'il était d'aimables prisons. »

(Voyage à La Flèche, 1704).

Vue de la Tour et du Loir.

Lorsqu'il entre sur le territoire de Durtal, le Loir s'incline aimablement sur sa droite que couronnent de gais coteaux enrichis de vignobles et de bois, coupés de temps à autre par les cultures les plus variées. Il rampe si doucement à leurs pieds qu'il semble les caresser, tandis que sur sa gauche il réjouit et féconde une vaste plaine couverte de prairies et de riches moissons.

A Durtal le Loir passe sous un beau pont de pierres de cinq arches, construit comme nous l'avons déjà dit, en 1750 pour remplacer l'ancien pont de pierre construit un peu au-dessus en 1550 par Jean du Mas, évêque de Dol, seigneur de Durtal.

C'est sur l'ancien pont de pierre que passa, vers 1570, saint Vincent de-Paul allant de Paris à Angers visiter ses religieuses, les filles de la Charité. Après avoir traversé le faubourg de Saint-Léonard il se rendait à Lézigné par l'ancienne route d'Angers. C'était l'hiver, et le ruisseau de Pouillé à Porame qu'il fallait franchir à cheval était plus gros que de coutume. La monture du saint heurta contre une énorme pierre, s'abattit dans le ruisseau et M. Vincent se serait infailliblement noyé sans la présence d'esprit et la vigueur de son compagnon de voyage. Echappé à un si grand danger saint Vincent-de-Paul se rendit à la ferme voisine, La Gouaslerie, où il se sécha à un grand feu, pendant qu'il enseignait le catéchisme aux enfants de la maison. Un peintre de l'époque (1580) représenta cette scène charmante qui laissait voir dans le lointain le château féodal. Ce tableau fut conservé à l'hôpital jusqu'en 1867, mais au déménagement ce précieux souvenir disparut.

LE CHATEAU DE DURTAL

La partie la plus intéressante de la petite ville de Durtal est sans contredit son superbe château. Il convient donc de le décrire en détail.

Nous en avons vu plus haut les origines, nous en connaissons les fondateurs ; arrivés à la fin du XVIIIe siècle il importe d'en faire la description, avant qu'il soit détérioré par des monstres de fanatisme et de folie. Quand le voyageur arrive d'Angers, de loin déjà il fixe ses regards sur la masse imposante du château ; plus il approche, plus il admire ces formes aussi puissantes qu'harmonieuses. Après avoir passé le pont, il aperçoit devant lui une voie, qui semble grimper au flanc gauche du monument ; c'est la Primaudière. S'il longe la façade sud du château, s'il suit à gauche la façade de l'est, il il arrive à une deuxième entrée, autrefois décorée d'un

Porte de Verron (extérieur).

porche de formes admirables, sous lequel commençait à

Ancienne Porte de l'Échelle.

s'élever un escalier de cinquante-cinq marches. C'est l'échelle qui monte le long du coteau, ayant à sa gauche le château façade du nord, à droite l'église paroissiale. Il y a encore deux autres portes, pour monter au château ; c'est d'abord la plus facile, la plus abordable aux cavaliers et aux voitures : elle s'appelle la Porte de Verron. Enfin une quatrième porte permettait de monter sur l'esplanade, par une voie opposée et venant de la ri-

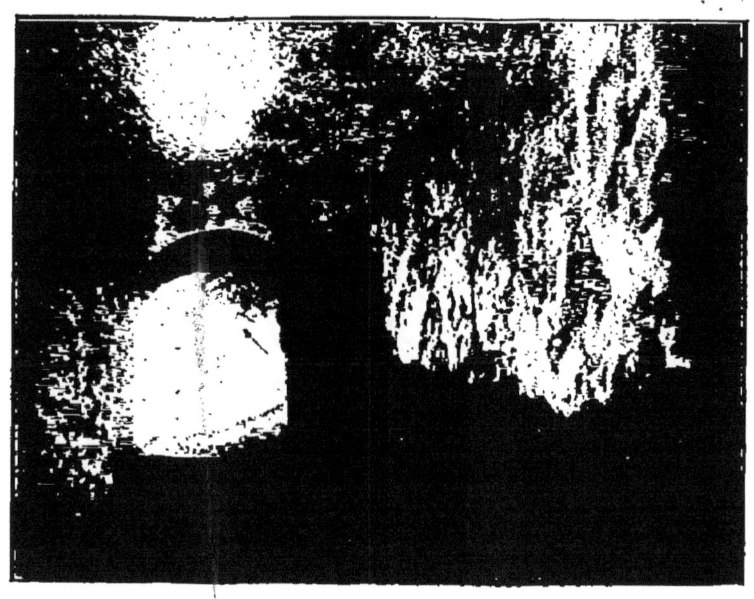

Porte du Mail.

vière, c'est la porte du Mail, qui s'offrait à quiconque abordait Durtal en bateau sur le Loir. Chacune de ces portes gardées le jour par des suisses étaient fermées le soir avec des herses dont on voit encore quelques vestiges, surtout à la porte du Mail. Il y avait aussi au nord et au nord-ouest les douves sèches qui protégeaient le château.

. La porte de Verron est la plus grande et la plus belle.

Elle est flanquée au nord de deux tourelles bien mode-
lées et bien conservées. Si l'on entre sur l'esplanade, on
voit le porche sous un autre aspect non moins intéres-

Porte de Verron (intérieur).

sant. L'écusson du propriétaire qui a fait bâtir est celui
des du Mas : d'argent fretté de six pièces de gueules au
chef échiqueté d'or et de gueules, de trois traits. —
Cette partie basse de la terrasse, qui monte vers la droite,
commençait le quartier appelé la *basse-cour* du château.

On y distinguait la *boulangerie*, plus loin la *poulaillerie*, et la *fagotterie*. Arrivé sur le plan horizontal de la terrasse, on découvrait en regardant au fond à droite l'intérieur du château près de l'église une petite construction. Cette construction s'appelle toujours la Maison-Rouge :

Maison Rouge.

on ignore quelle était sa destination, et la cause de sa dénomination. La proximité de l'église et du cimetière accolé à l'église feraient supposer que cette maison était le presbytère de Notre-Dame.

Une vaste esplanade d'une superficie de 13.000 mètres carrés s'étendait devant le château, dans l'espace compris entre les douves sèches et les terrasses étagées au-dessus du Loir. Chacune des trois terrasses avait une longueur de cent dix mètres et une profondeur de trente-quatre mètres et la hauteur qui les séparait l'une de l'autre était de neuf mètres. Ces trois immenses étages bordés de murs d'appui avec balustres communiquaient entre eux par des escaliers longeant la Primaudière d'un côté et le Mail de l'autre [1]. Le potager s'étendait sur la rive même du Loir ; les deux étages supérieurs étaient garnis de lauriers, d'orangers, de citronniers et d'autres arbustes rares « d'où le Roi lui-même approvisionnait ses propres jardins » [2]. Le reste de l'esplanade était planté en superbes ormes, ombrageant des allées où une multitude de promeneurs se trouvaient à l'aise.

La période révolutionnaire apporta un changement radical dans cette merveille. Les ormes de l'esplanade disparurent. Le tiers de l'esplanade fut renfermé par un mur allant de la Maison-Rouge à la porte de Verron. L'étage supérieur des jardins fut fermé au nord par un mur d'enclos allant du pont du Château à la porte du Mail. Les murs d'appui des étages inférieurs furent privés de leurs gracieux balustres ; les terrains de culture furent morcelés et séparés par de vulgaires murailles ; enfin les escaliers qui descendaient d'étages en étages disparurent.

Le pont jeté sur la Primaudière donnait accès dans la cour intérieure du château. C'est près du pont qu'on voit, du côté droit, au rez-de-chaussée et au premier étage du château, un commencement de colonnade de quatre colonnes superposées deux par deux, et d'ordre

(1) Voir p. 29, photographie d'une aquarelle faite au xviiie siècle.
(2) Carloix.

différent. En bas l'ordre, au-dessus l'ordre. Que voulait
faire ici l'architecte ou mieux le seigneur du château ?

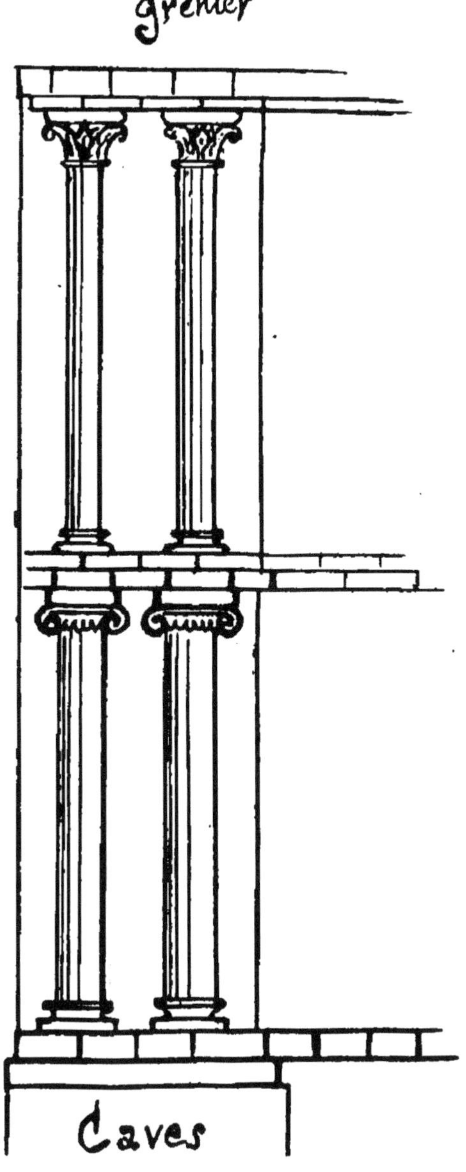

Les colonnes.

Etait-ce un commen-
cement de Portique
d'entrée, qu'on avait
l'intention de pour-
suivre dans un style
nouveau et d'achever
en remontant au
nord ? Peut-être !....
En tout cas, c'est une
charmante énigme
architecturale qui dé-
concerte les hommes
de l'art, les curieux,
les voyageurs.

La cour intérieure
en forme de quadrila-
tère est bordée de
constructions diver-
ses. Les bâtiments de
gauche sont récents ;
ce sont de simples ac-
cessoires de l'hôpital :
salles de bain et d'i-
solement. Il en est de
même des murs qui
séparent en plusieurs
parties la cour inté-
rieure. En face se
trouve le presbytère
qui comprend le don-
jon bien conservé. La
grande coupure dans

la partie *est* fut l'œuvre des marchands de biens qui avant
le retour du comte de la Rochefoucault-Liancourt, dernier
seigneur du château, espéraient vendre par portions le
château féodal et tirer parti des matériaux. Cette noble
partie, la courtine, était flanquée de tours, comme on peut
le voir dans une vieille estampe du XVIIe siècle dont nous

Cour intérieure du Château.

donnons une reproduction agrandie [1]. Au centre, dans la partie détruite, s'élevait une tour carrée dont il ne reste que quelques vestiges ; elle continuait sur un plan plus saillant la ligne hardie et bien dessinée du corps principal dont elle rompait la monotonie. Cette partie de l'est date du xvᵉ siècle, elle s'étend jusqu'à une tour donnant mi-partie à l'est, mi-partie au sud. Nous trouvons ensuite au sud un spécimen de l'architecture du xvıᵉ siècle, bâti sous Henri II. Cette partie du château ne contient que des galeries, elle va se souder à droite au puissant pavillon Schomberg du xvııᵉ siècle, qui forme le côté ouest du château. Actuellement toute la partie du château comprise entre la coupure de l'est et le pont qui donne accès dans la cour intérieure est occupée par l'hôpital.

En entrant dans le château par le pavillon Schomberg nous pénétrons dans un vestibule assez restreint, dont le plafond en dalles de belles pierres du pays présente, dans des écussons sculptés en losange, des armoiries mutilées pendant la Terreur. A droite s'ouvre la porte du parloir qui, avec un salon et deux passages, composait jadis une pièce unique, ayant cinq mètres d'élévation et très vaste. En face de la porte d'entrée partent deux larges escaliers, en beau calcaire du pays : celui de droite conduit au premier étage, celui de gauche descend aux sous-sols. On admirera dans ce dernier une superbe meurtrière de plus de deux mètres de profondeur, qui éclaire l'escalier d'un jour diffus. A l'étage inférieur nous trouvons à gauche d'immenses serre-bois d'une hauteur de six mètres cinquante d'étage et à droite des caves voûtées et bien éclairées. L'une d'elles, pavée comme l'étaient les rues il y a 400 ans, attire l'attention par son immense cheminée de six mètres d'embrasure. On devait

<hr>

(1) Voir page 20.

faire là avec une grasse cuisine beaucoup de contrats et
de joyeux récits sous le manteau de la cheminée. De là
on peut encore descendre à un étage inférieur dans
d'autres caves réservées au vin. Aussi observait-on
justement, et le fait est assez rare pour être noté, que le
château de Durtal était autant au-dessous du sol qu'au-
dessus.

A gauche du vestibule du rez-de-chaussée se trouvent la
pharmacie de l'hôpital encore meublée de ses vieux vases
de faïence historiée, et la chapelle. Celle-ci n'est qu'une
grande salle, presque carrée avec deux vastes fenêtres,
l'une sur le sud, l'autre sur l'ouest. Ses murs mesurent
un mètre cinquante centimètres d'épaisseur. On voit au-
dessus de l'autel, souvenir de l'ancien hôpital, un grand
tableau qui représente les fiançailles de Ste Catherine de
Sienne. A la porte de la Chapelle une statuette de saint
Joseph surmonte la plaque antique gravée, portant ces
mots : Hostel-Dieu Saint-Joseph.

Vis-à-vis de la porte de la chapelle s'ouvre, dans une
boiserie à balustres, une porte d'entrée dans la belle
galerie dont on a fait, en la coupant par une cloison, les
deux salles des malades, celle des femmes et celle des
hommes. Chaque salle compte neuf lits en fer, achetés
en 1846, pour remplacer les vieux lits en bois. Chaque
salle a ses fenêtres sur la façade méridionale ; elles sont
hautes, très profondes, et donnent aux malades beaucoup
d'air et de lumière. Ces malheureux ont là pour se dis-
traire un coup d'œil ravissant sur le Loir, la ville basse
et la campagne.

A l'extrémité de la salle des hommes, après la chambre
de l'infirmier, on pénètre dans une chambre carrée,
voûtée, aux murailles encore plus épaisses, qui relient
le corps du bâtiment Henri II avec celui de l'est qui est
du XVe siècle. Cette chambre d'isolement et parfois

d'opérations est fermée par une porte basse à vantail unique très épais, en chêne ferré et historié au chiffre (IIS.) Henri Schomberg. Cette porte ouvre sous un escalier en vis formé de belles pierres, et donne entrée dans le majestueux réfectoire des religieuses, lequel est voûté dans le style plus pur du XVᵉ siècle.

Cette pièce est éclairée de deux grandes fenêtres ; on a du côté de Gouis une très jolie vue. Par le même escalier en vis on monte au premier étage, qui conduit à gauche au logement des pensionnaires, et à droite dans une vaste galerie, au-dessus de celle que nous avons parcourue au rez-de-chaussée. Cette galerie, dite galerie des fêtes, était encore intacte en 1875, avec ses murs peints qui représentaient des scènes champêtres de chasse ou de pêche, avec des embrasures de fenêtres peintes sur pierre, dans un genre gracieux et de couleurs fraîches rappelant un peu les belles fleurs et les artistiques rinceaux trouvés dans les fouilles de Pompéï. Les vestiges qui subsistent font regretter ces peintures de la renaissance. Le reste a été plâtré, pour diviser la galerie en deux salles de malades, séparées par des chambres d'infirmières. Tout le long du côté sud, court un corridor avec vue sur le Loir. En quittant cette galerie, on entre dans un couloir, reproduction à cet étage du vestibule d'entrée au rez-de-chaussée. Au-dessus de la chapelle est la lingerie ; une chambre particulière voûtée dans le style XVᵉ siècle, dite chambre de l'administration, est un bijou. Au-dessus de la pharmacie, en deux étages superposés on a fait deux chambres de réserve à plancher surbaissé de moitié. Sur le tout sont de vastes greniers, assez déserts.

Le presbytère, touche le donjon et lui emprunte ses trois principaux étages, dont les deux premiers sont voûtés dans le style XVᵉ siècle avec une hauteur de cinq à six mètres sous clef. Il n'offre par ailleurs rien de remarquable, que ses murs de forteresse, ses charpentes admirables de force, de grandeur et d'élégance.

L'État s'est chargé depuis quelques années de l'entretien du château ; il en a déjà parfaitement restauré les toitures avec les splendides lucarnes dont elles sont décorées [1].

La brillante époque du château de Durtal finit à la Révolution. Le dernier des seigneurs, François-Alexandre de la Rochefoucault-Liancourt, voyant la persécution religieuse sévir de plus en plus violente en 1791 et 1792, comprit que sa vie était en danger. Il se décida à quitter la France, durant la tourmente. Pendant son absence la spoliation commença par son avant-coureur sinistre, l'inventaire et la saisie-arrêt ; ce qu'on a appelé depuis le sequestre. « Le 30 janvier 1793, le citoyen Chollet, « procureur syndic du directoire et district de Château-« neuf ordonna à la Municipalité de mettre la saisie sur « tous les papiers qui sont dans le ci-devant château de « Durtal. On s'y transporta, et on trouva dans la pre-« mière chambre du rez-de-chaussée le citoyen François-« Jacques Letourneau, régisseur de la terre de Durtal, « appartenant à François Alexandre-Frédéric de la Roche-« foucault-Liancourt, réputé émigré. Le régisseur répon-« dit « qu'il n'avait aucun moyen d'empêcher l'appo-« sition desdits scellés, sous la réserve des droits de « Félicité-Sophie Lannion, épouse dudit Liancourt. »

Ledit Liancourt sera bientôt exproprié de son immense domaine. Cette opération malhonnête, dite vente de biens nationaux, se fit dans les conditions les plus illégales et avec la rage la plus insensée. Il y a 30 ans, j'ai pu lire quelques-uns de ces actes authentiques, où j'ai relevé cette étrange désignation des origines de propriété :

(1) Ces travaux ont été effectués en 1902, 1903, 1904.

... « ayant appartenu au ci-devant brigand ! » C'est à n'y pas croire. Tout fut ainsi vendu des terres du Comté.

Vue générale du Château en 1810.

Quant au château, il ne trouva pas d'acquéreur tant il était embarrassant. C'est pourquoi, comme nous l'avons déjà indiqué, aidés de la bande noire, les révolutionnaires entreprirent la destruction de l'édifice féodal en commençant par la plus belle façade ; les plombs d'abord furent enlevés, le milieu de la Courtine entre les deux tours fut entamé par le feu et par la pioche ; mais la masse résista à tous les efforts ; on espérait gagner beaucoup dans cette démolition, on n'y trouva que déficit. Mais il fallait se venger, et les barbares se jetèrent sur les écussons, les boiseries et les peintures ; c'était facile.

Quand M. de la Rochefoucault rentra en France, devant un spectacle si lamentable, il résolut de rompre à tout jamais avec Durtal. Il fit trois parts de son château et il trouva ainsi à s'en défaire. D'abord par acte du 17 mai 1808 il vend le pavillon Schomberg, édifié à l'époque d'Henri II et de Louis XIII, à François Coignard de Durtal. Celui-ci passa ses droits en 1820 à Hippolyte Coignard, dont héritèrent le 2 avril 1851, MM. Frin de Saint-Germain, Robineau et Tual. Ceux-ci enfin le revendirent à l'hôpital en 1857.

2° La façade sud, due en partie à l'abbé de Saint-Thierry (Jean du Mas), évêque de Dol, et à Vieilleville, est vendue le 25 août 1808 à M. Hardiau de la Patrière, notaire à Durtal. Il la revendit 5.000 francs, puis elle passa en plusieurs mains. M. Thouin, curé de Durtal, l'acheta 10.000 francs le 15 mars 1835, pour en faire son pensionnat. Les héritiers de M. Thouin revendirent cette partie à la Commune en 1856 pour 8.000 francs.

Enfin, le 25 juillet 1808 la Tour du nord-est fut vendue à M. François Védis, tailleur de pierres à La Flèche. Le 3 octobre 1810 elle fut recédée à René Delhumeau ; puis à M. Deville, avocat. Les héritiers de M. Deville la revendirent à M. Le Brecq Le Motteux pour 6.000 francs. Son fils s'en défait en la vendant 10.000 francs le 28 mai 1867 à M. Bretonneau qui l'échange avec l'hospice contre la ferme de la Touchardière. Enfin en 1868, le 8 décembre

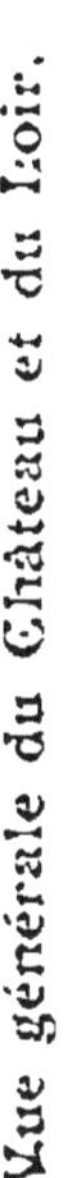

Vue générale du Château et du Loir.

la ville l'échange à son tour avec l'hospice, de sorte que
le presbytère est séparé de tout ce qui est à l'établissement hospitalier.

LE XIXᵉ SIÈCLE

La tempête révolutionnaire, semblable à un raz de marée, avait épuisé et anéanti la France ; il était temps que le calme reparût. Une ère nouvelle s'annonce avec l'an 1800, apportant des gages sérieux de réparation générale, de sécurité, d'honneur et de prospérité. C'est une véritable renaissance.

A Durtal la foi chrétienne était restée bien vive dans les âmes, malgré les apostasies et les lâchetés d'un certain nombre. Aussi quand l'Église fut rendue au culte, la joie fut générale. On sentait le besoin de revenir aux cérémonies religieuses interrompues depuis si long-temps. Les familles qui avaient eu la consolation de recevoir des prêtres cachés les secours de la religion en étaient totalement privées depuis le mois de septembre 1797, date à laquelle M. Chollet avait été fait prisonnier. En mars 1800, les fidèles allaient trouver un nouveau curé, plein de cœur et de zèle, vraiment digne de la mission qui lui était confiée.

M. Louis-Nicolas Tendron n'avait pas prêté le serment schismatique. Vicaire à Morannes il avait toujours exercé son ministère pendant la Révolution. Il reçut ses pouvoirs canoniques en même temps que M. Esnault, nommé curé de Gouis. Tous deux durent prêter le serment de fidélité, admis par l'autorité ecclésiastique : « Le 25 frimaire, an XI, devant nous, Préfet de Maine- « et-Loire, séant dans l'église cathédrale d'Angers, en « exécution de l'article XXVII, section IV, titre II, des « organiques de la Convention entre le Gouvernement « français, et le Corps législatif et sa sainteté Pie VII, « du 26 messidor an IX, approuvé par le Corps légis- « tive, le 18 germinal an X, le citoyen Louis-Nicolas

« Tendron, nommé curé de Durtal, et Jean-Urbain
« Esnault, nommé à la succursale de Saint-Julien de
« Gouis, se sont mis à genoux, et la main droite placée
« sur l'Evangile, ont fait le serment de fidélité dans les
« termes suivants : Je jure et je promets à Dieu, sur les
« saints Evangiles, de garder obéissance et fidélité au
« Gouvernement établi par la Constitution de la Répu-
« blique française Je promets aussi de n'avoir aucune
« intelligence, de n'assister à aucun Conseil, de n'entre-
« tenir aucune ligue, soit au dedans, soit au dehors, qui
« soit contraire à la tranquillité publique ; et si dans
« cette paroisse, ou ailleurs, j'apprends qu'il se trouve
« quelque chose au préjudice de l'Etat, je le ferai savoir
« au Gouvernement.

« Duquel serment nous avons donné acte, et lui
« avons fait délivrer par le secrétaire général de la Pré-
« fecture, la présente copie collationnée » Signé Bardou
pour le Préfet, — Louis-Nicolas Tendron, curé de Durtal.

De ce jour, M. Tendron entre en fonction. Son premier
soin, et il est urgent, est de recueillir pour les inscrire
sur son premier registre paroissial, les actes de baptêmes
et de mariages, faits depuis deux ans et plus. Ces actes
étaient disséminés un peu partout, sur des feuilles
volantes, ou sur des registres incomplets. Le nombre en
était considérable. Il est regrettable qu'à ces actes importants, M. Tendron n'ait pas ajouté quelques notes
intéressantes sur l'époque. On eut ainsi conservé des
relations de la valeur de celle-ci : « En mars 1800, le
« commissaire du Gouvernement près l'administration
« municipale de Durtal écrivait à ses collègues près le
« département ; — Aujourd'hui *dimanche*, nous avons
« eu quatre messes basses dans la section de Gouis. Le
« culte s'y exerce librement, et sans nulle contrariété
« des autorités constituées. On y courre (sic) comme
« au feu. » (Archives municipales).

La Foi n'était pas morte ; elle se réveilla même très vive et très active. En voici d'autres preuves :

Le 21 mai 1803, Mgr Montault des Iles, évêque d'Angers, arrivait à Durtal pour y donner la confirmation. L'évêque avait convoqué les paroissiens de Gouis, Montigné-la-Rairie, Lézigné, Baracé et Huillé, il séjourna chez M. Tendron les 21, 22 et 23 mai, et il confirma 2.500 personnes, chiffre éloquent entre tous et qui montre combien était grande cette résurrection reli gieuse et combien fut indescriptible l'enthousiasme qui l'accompagna. — Il se passera encore neuf ans et le même Mgr Montault viendra de nouveau à Durtal donner à 2.000 personnes des mêmes paroisses, celle de la chapelle d'Aligné en plus, la confirmation. L'impiété ne triomphait plus, elle qui croyait dix ans plus tôt avoir tué à tout jamais la religion de nos pères.

M. Tendron, sans presbytère, avait trouvé asile, à Château-Bocé, chez deux sœurs, Mᵉˡˡᵉˢ Opéron. Cette hospitalité généreuse dura jusqu'à la mort de M. Tendron, arrivée en 1830. Le 1ᵉʳ avril 1824, Mᵉˡˡᵉ Marie-Anne était morte à l'âge de 85 ans, sa sœur, Mᵉˡˡᵉ Suzanne ne mourut que le 25 juillet 1831, à l'âge de 87 ans, un an après M. Tendron.

Le 15 septembre 1805, M. Tendron eut à cœur de rendre à la vraie croix le culte qui lui est dû. Autorisé par Mgr Montault, qui reconnut l'authenticité de la sainte relique, sauvée pendant la Terreur, il organisa une manifestation imposante, qui laissa un profond souvenir dans la paroisse.

En 1808, une fête inusitée et bien touchante vint réjouir les habitants de Durtal. M. Jacques Tonnelier, aumônier de l'hôpital, exerçant aussi à Notre-Dame les fonctions de vicaire avec MM. Carnot et Giffard, célébrait les noces d'or de son père et de sa mère. L'église retentit de chants religieux d'autant plus enthousiastes que le grand nombre des assistants profitait de la circonstance pour témoigner à M. l'abbé Tonnelier sa respectueuse affection.

Le 11 août 1825, M. Tendron bénit solennellement une chapelle qu'il avait fait construire au côté nord de l'église Notre-Dame, devenue insuffisante. Il n'y avait plus, en effet, qu'une seule église à Durtal au lieu de trois qui existaient avant la Révolution. L'église Saint-Pierre avait été désaffectée et celle de Saint-Léonard avait été démolie sous la Terreur. Cette nouvelle chapelle était dédiée à Saint-Sébastien.

La vie de M. Tendron fut toute de dévouement et de sacrifice. Sa mort eut le même caractère. Le 15 janvier 1830, année tristement célèbre par son hiver rigoureux, M. Tendron fut demandé pour assister un mourant à trois kilomètres de Durtal, aux Hardouinières de Montigné ; on essaya de le dissuader de sortir ; on lui offrit de le remplacer par son vicaire ou par un autre prêtre ; il refusa. Quand il revint, il fut saisi d'un refroidissement mortel ; le surlendemain il était mort, victime de son énergie et de son dévouement. Il avait 70 ans.

M. l'abbé Thouin

Le successeur de M. Tendron arrivait à Durtal, le 15 février suivant. Né le 8 novembre 1799, M Thouin était précédemment curé aux environs de Saumur. Dans sa jeunesse il était le digne émule de Mgr Perché qui devint archevêque de la Nouvelle-Orléans. Homme d'un rare talent et aussi d'une énergie extraordinaire, plein de zèle et tout dévoué à ses paroissiens, il conçut de grandes œuvres et s'y consacra jusqu'à sacrifier sa santé et sa vie. Il voulut fonder dans les grandes salles et galeries du château des classes de choix pour la jeunesse, et même établir sur les terrasses des cours professionnels d'arts et métiers. Il avait déjà réussi en 1835 à fonder son école, tenue par les frères de Sainte-Croix du Mans. Les professeurs techniques pour les Arts et Métiers étaient trouvés à Paris ; il allait réaliser ses plus chers désirs et doter le pays de précieuses ressources, quand la maladie l'arrêta en pleine activité. Le surmenage dans ses travaux détermina un tel échauffement du sang, qu'une lèpre en fut la suite et vers la fin de 1845, M. Thouin, âgé de 47 ans, mourut à Paris où il cherchait la guérison.

M. Thouin avait le feu sacré qui anime tout ce qu'il touche ; aussi le bien qu'il fit à Durtal fut immense. Cela ne veut pas dire qu'il recueillit celui de la reconnaissance, car plusieurs de ses paroissiens au contraire ne le payèrent que d'ingratitude, fruit amer de leur haineuse impiété. Dès 1832, ses ennemis, revenant à leurs procédés révolutionnaires d'autrefois, conçurent le projet de le dénoncer au parquet de La Flèche, comme conspirateur ; ils le firent mettre en prison préventive pendant plusieurs jours. Le défaut absolu de vérité dans cette accusation obligea la Justice à relaxer M. le curé de Durtal. Il en fût arrivé autant à M. le curé de Gouis, poursuivi par les dénonciateurs Berruyer et Cⁱᵉ, s'il ne se fût caché. M. Charlery, propriétaire de Chambiers et maire de Durtal, allait être pris lui aussi, quand le complot qui le visait fut découvert par une personne de l'hôpital. Elle avait entendu, sans être vue, deux conspirateurs parlant de ce qu'ils allaient faire à l'entrée de la nuit. Sans perdre un instant, la supérieure de l'hôpital envoie un courrier prévenir M. Charlery, qui put s'enfuir à temps. Je tiens ce fait de la personne qui porta le message. Constatant qu'ils n'étaient pas soutenus par la Magistrature, et qu'ils étaient découverts dans le public, les Conspirateurs rentrèrent dans l'ombre et le silence.

Ailleurs qu'à Durtal on sentit de 1830 à 1834 un réveil inquiétant des troubles de la révolution. L'inquisition fut générale. mais le calme fut vite rétabli.

En mourant M. Thouin laissait un Testament digne de sa charité éclairée. Il donnait à l'hôpital le terrain sur la terrasse enclavé dans celui de la Maison rouge pour y bâtir une école, salle d'asile ; en plus il laissait à ses légataires une somme de 8.000 francs pour de bonnes œuvres à Durtal.

En arrivant à Durtal, M. Thouin habita un vaste immeuble au haut de la rue Saint-Pierre, actuellement enclos dans la belle propriété de M Géhard. Pour se rapprocher de l'église il s'installa ensuite sur les bords du Loir, au pied de la Tour des Suisses. Ce ne fut qu'en 1835 que M. Thouin, voulant fonder ses écoles, quitta cette agréable demeure et vint habiter le château.

Ce fut aussi vers 1835 que se passa l'épisode héroïque suivant que nous appellerons le combat des perruques. Au temps de Louis-Philippe, seuls avaient droit de voter ceux qui payaient un impôt assez élevé ; les censitaires, comme on les appelait, étaient donc les plus riches du pays. Ils votaient au chef-lieu d'arrondissement, et non à la commune. Quatre d'entre eux revenaient de Baugé à Durtal, mais par un chemin étroit, boueux, défoncé, la route actuelle étant inachevée depuis Cheviré. Avant d'arriver à Montigné le passage, devenu plus difficile, força le cheval d'appuyer sur le talus et la carriole culbuta pêle-mêle avec ses illustres voyageurs. La chute ne fut pas sans contusions et égratignures. Les deux MM Pion, et les deux MM. Gaudin, n'y attachèrent que peu d'importance ; la plus douloureuse de leurs avanies fut la chute et la confusion de leurs perruques, car tous quatre étaient chauves. Ainsi découronnés. tous à la fois criaient : « Où est donc ma perruque ? Celle-ci n'est pas la mienne, celle-là non plus !!! C'est vous, Monsieur, qui l'avez. — C'est vrai, que moi aussi je n'ai pas la mienne, mais ce n'est pas davantage la vôtre... En tout cas je la garde. Non, monsieur, je reconnais sur votre tête ma perruque, je vais vous l'arracher '!! On s'anime... sans la fraîcheur du soir qui calma ces crânes trop chauds, il y eût eu des victimes. — Peu à peu chaque combattant se trouve bien coiffé et, toute ardeur étant calmée, nos quatre héros redevinrent amis le soir comme ils l'étaient le matin au départ. Ah ! si tout litige en ce monde pouvait avoir si heureuse fin ! Ce fait historique est consigné dans les archives durtaloises, dont M. Bazot-Millet reste un fidèle conservateur. Que n'a-t-on élevé une colonne commémorative sur le champ de bataille !!! avec cette mention glorieuse : Ici. quatre perruques ont lutté à mort. 1835. X.

Le successeur de M. Thouin à la cure de Durtal fut M. l'abbé de Beaumont qui était son vicaire depuis 1834. Très estimé, très aimé, M. de Beaumont a laissé dans sa paroisse un profond souvenir de ses charités ', mais sa santé ne lui permit ni de continuer les œuvres de son prédécesseur. ni même d'exercer complètement le ministère paroissial. Aussi après dix ans d'essais pénibles il donna sa démission et se retira à Angers où Mgr Angebault le fit chanoine honoraire de sa cathédrale.

(1) En 1846 1847, il y eut famine. Un vieil avare, fort riche, M. Lebrecq habitait la partie du château devenue presbytère. Craignant de mourir de faim, il accapara une grande quantité de blé et l'emmagasina dans la vaste chambre du premier étage, contiguë à la grande tour. Sous le poids excessif de la charge, les soliveaux cédèrent et tout s'écroula dans la chambre inférieure. Le bruit terrible de cet éboulement, le nuage de poussière qui s'échappait par les fenêtres du côté de la ville épouvantèrent le quartier. Quand on sut de quoi il s'agissait ce fut une explosion de rires et de moqueries bien méritées à l'adresse de l'accapareur.

Le 9 septembre 1853, M. René Besnard, né le 7 avril
1806, à Chemillé, précédemment curé d'Ambillou, pre-

Église de Durtal.

nait possession de la cure de Durtal. Déjà âgé, il dut, malgré son intelligence et ses talents, renoncer à entretenir l'école libre et il licencia le personnel dès sa seconde année.

L'œuvre principale de M. Besnard fut la reconstruction de l'église. La vieille chapelle seigneuriale tombait de vétusté et ne pouvait supporter aucune réparation. Cette œuvre présenta beaucoup de difficultés, à cause de la pénurie des finances, tant de la part de la Municipalité que de celle de la Préfecture. Cependant, grâce à la ténacité et à l'habileté du maire, M. Choisnet, on put faire voter les fonds et commencer les travaux, à la condition de conserver le clocher et de remettre à plus tard la construction du chœur. En outre, on bâtirait sur les fondations mêmes de l'ancienne église.

La nef seule fut donc construite dans le style ogival de transition du xiiᵉ au xiiiᵉ siècle, indiqué par le style du vieux clocher, sous la direction et avec les plans de l'architecte Hullin d'Angers. Pendant cette construction les offices paroissiaux se firent dans les salles actuelles de l'hôpital. L'église fut terminée en 1863.

Dans cette même année, par suite d'un échange entre l'hôpital et la commune, M. Besnard quitta son presbytère du sud-est pour habiter le nouveau qui est dans le donjon du nord-est.

Le 27 mai 1873, Mgr Freppel, évêque d'Angers, voulant récompenser le zèle pastoral de M. Besnard, le nomma chanoine honoraire de sa cathédrale.

M. Besnard devenu infirme donna sa démission en mai 1876 et se retira dans la partie du château qui lui avait servi de presbytère pendant de longues années. Les administrateurs de l'hospice lui concédèrent gratuitement ce logement inoccupé à cette époque. M. Besnard y resta jusqu'à sa mort survenue en 1884.

Il faut signaler ici les faits les plus importants qui se passèrent à M. Durtal pendant que M. Besnard fut curé. Ce fut d'abord la démolition des anciennes halles dont nous avons donné une description (voir page 105) et la construction de la mairie actuelle en 1854 par l'architecte Dainville, d'Angers. Le maire de Durtal était alors M. Jean Pion. Cette construction opéra une transformation complète du quartier des halles. La rue Saint Pierre fut prolongée jusqu'à la rue Neuve qui fut construite pour unir directement le pont sur le Loir à la côte de Gouis. La nouvelle disposition de la mairie favorisa aussi l'établissement d'une petite place fort utile pour les marchés. A la même époque eut lieu le transfert de l'hôpital du pont de Gouis au château. Dans le déménagement on perdit certains souvenirs précieux : Nous avons cité plus haut le tableau représentant saint Vincent-de-Paul instruisant les enfants à la ferme de la Gouaslerie. Mais ce qu'il faut regretter surtout, c'est qu'on perdit jusqu'à la trace du tombeau de Mᵐᵉ de Feuquerolles, fondatrice de l'hôpital. On retrouva dans la chapelle un certain nombre de corps et sans aucun souci de ces restes précieux on les enfouit dans les terres du jardin. La pierre de l'ancien autel ne fut pas plus respectée ; je l'ai vue transformée en évier de cuisine en 1880.

Les acquéreurs du bâtiment primitif du pont de Gouis conservèrent jusqu'en 1893 la maison de M. Hus, comme ils l'avaient reçue de l'administration de l'hôpital. Mais pour utiliser davantage un emplacement si vaste, ils démolirent toutes les constructions anciennes et rebâtirent en 1894 et 1895 en bordure de la rue toute une série de maisons uniformes plus avantageuses et d'un aspect plus agréable. Nous avons donné (p. 62) pour en conserver le souvenir une gravure de ce vieil hôpital aujourd'hui disparu [1].

Toujours à la même époque un épisode en apparence des plus invraisemblables, mais d'une certitude absolue, vint émouvoir jusqu'au paroxysme Durtal et ses alentours, les habitants du pays, les étrangers de passage, le riche et le pauvre, le négociant, la magistrature, l'armée, et cela pendant trois ans, laissant des traces qui subsistent encore dans toutes les mémoires. Il s'agit du braconnier Louis Rouget de Daumeray. Cet homme, doux de caractère et d'un tempérament d'acier, avait blessé le 19 juillet 1853 un gendarme qui le poursuivait pour délit de chasse ; plus tard il en blessa un second pour ne pas tomber entre ses mains. Pendant trois ans il rendit vaines les recherches de plusieurs brigades de gendarmerie, et même d'une compagnie de fantassins pendant plusieurs mois. Traqué partout dans les bois, vendu par de faux camarades, il vivait du produit de ses chasses du jour et de la nuit, vendait tout ce qu'il pouvait en ville, même à la barbe des gendarmes, afin de renouveler ses munitions, couchait au haut d'un chêne, dans un trou, dans un îlot de marais, ou dans un grenier. Leste autant qu'un chevreuil, il sautait et franchissait d'incroyables obstacles, courant, marchant avec une agilité inlassable. Assisté en secret par des braconniers ses amis, s'il avait d'abord inspiré de la terreur aux Durtalois, il avait acquis dans la suite leur commisération, leur assistance et leur sympathie. Sans le secours d'une femme scélérate de Sablé, sa cousine, qui le trahit juste au moment où il se croyait sauvé, la force

---

(1) Un vieux logis du XVIe siècle, bâti à l'est de la maison de M. Hus, était habité au XIXe siècle par des dames Briand qui le léguèrent à l'hôpital en 1885. L'hôpital le loua à divers locataires. Il fut abattu avec l'hôpital en 1894 et 1895.

publique n'eût pas réussi à s'en emparer. La Cour d'Angers, malgré une admirable plaidoirie de Me Affichard et qui fit sa réputation, fut impitoyable et le condamna le 12 février 1857 à la déportation. Il mourut à l'hôpital de l'Isle Royale du Salut le 19 avril 1858.

En 1870-1871 pendant l'hiver et le printemps de la sinistre guerre avec la Prusse, Durtal reçut beaucoup de soldats mobiles. Un grand nombre d'entre eux, malades surtout de la variole, furent logés dans le château qui était, comme on l'a dit, devenu l'hôpital. Toute la partie sud, à tous les étages, fut remplie de varioleux qu'on soigna si bien que peu moururent. M. l'abbé Hervé, alors vicaire, se distingua par son dévouement. A l'armistice les prussiens arrêtés à la frontière du département venaient de Bazouges caracoler en vue du château. Il est superflu de dire avec quelle satisfaction on les vit s'éloigner.

Le successeur de M. Besnard à la cure de Durtal, fut M. François-Jules Grosbois, né à Azay-le-Rideau (Indre-et-Loire), le 22 mars 1835 et précédemment curé de Cuon. Il fut installé le 11 juin 1876, par le Révérendissime Dom Couturier, abbé de Solesmes, son oncle, délégué à cet effet par Mgr Freppel, évêque d'Angers.

Le Conseil de fabrique présenta à sa première réunion le projet d'achever la construction de l'église, restée en suspens depuis 1863. Il s'agissait d'édifier le chœur, pour lequel deux plans et leurs devis étaient proposés. On accepta le plus grand projet, le seul qui pût rendre service ; et on décida pour utiliser tous les travaux de substruction que nécessitait une différence de niveau dans le terrain, de bâtir sous le chœur une crypte voûtée destinée aux catéchismes. Le Conseil avait amassé des fonds, qui dès lors ne suffisaient plus ; on les compléta en faisant quelques emprunts, et le travail

Intérieur de l'Eglise.

commencé au printemps de 1877 fut terminé en décembre
1878, ainsi qu'en fait foi une pierre d'un pilier extérieur, du côté de l'Echelle, et portant cette date 1878 ;
En 1895, toutes les dettes étaient payées, et on allait
songer à bâtir une sacristie plus grande et plus solide.

Le 3 août 1879, dans la matinée, furent bénits le chœur
et la crypte de l'église [1] ; et le soir, devant les paroissiens

(1) Le crucifix en bois de la Crypte est un souvenir des temps
malheureux de la Révolution au xviiiᵉ siècle. Il fut arraché de l'église

de Durtal et de Gouis réunis, le cimetière nouveau et commun aux deux paroisses. La double cérémonie était présidée par le R. P. Dom Couturier, abbé de Solesmes, en présence de M. Alfred Marchand, maire, et d'un clergé nombreux d'Angers et du voisinage.

En 1879 également, un grand chemin de croix peint sur tôle galvanisée fut érigé ; c'était le don d'un paroissien de Durtal.

A la fin de 1880, un excellent orgue de chœur sorti de la maison Debierre, de Nantes, fut inauguré par le célèbre organiste Dom Legeay, moine bénédictin de Solesmes.

Cette année-là aussi le porche de l'Echelle menaçant ruine fut démoli (cf. p. 112). Ce curieux morceau d'architecture enlevait à Durtal quelque chose de son caractère antique.

Quand Mgr Freppel vint en 1883 visiter Durtal, il bénit la belle croix stationnale du cimetière.

En 1884, le 1ᵉʳ mai, on célébra la 25ᵉ année de Sacerdoce du curé de Durtal.

En 1885, le 12 mai, à la procession des Rogations on fit la bénédiction solennelle de la ligne du chemin de fer de La Flèche à Angers ; les travaux étaient finis, les trains allaient circuler.

Le 1ᵉʳ octobre 1885, on descendit la pointe du clocher de l'église. Son peu de solidité rendait nécessaire la suppression de cette flèche : les ouvriers refusaient d'y monter.

Au printemps 1891, la Municipalité, jugeant que l'ancien pavage de l'Echelle était en mauvais état et devenait dangereux, fit remplacer le pavage en cailloux

Saint-Pierre par une bande de forcenés qui l'attachèrent à des chiens pour le traîner dans les rues ; il garde encore les traces des mutilations qu'il subit alors.

par de belles dalles en granit, avec cinquante-cinq marches, trois beaux paliers dallés de même.

Le 25 décembre 1892 se clôture la mission donnée à Durtal pendant l'Avent par les R. P. Lazaristes d'Orléans, MM. Pendarias et Bodin. Cette mission était la seule donnée dans la paroisse pendant le XIXᵉ siècle. Elle réussit bien.

L'année suivante, le 4 octobre, Mgr Mathieu, mort en 1908 cardinal de Curie à Rome, faisait à Durtal sa première visite pastorale. Ce jour-là arrivait la fête de son patron saint François, celle aussi du curé de la paroisse, et par une coïncidence remarquable, fête autrefois du seigneur de Durtal, François de Scépeaux de Vieilleville, si connu à Pont-à-Mousson en Lorraine, où le maréchal travailla au service de l'Etat, et où Mgr Mathieu fut curé. La ville en fête s'illumina comme jamais on ne l'avait vue ; le château était féérique.

En octobre 1893, récolte de vin la plus extraordinaire du XIXᵉ siècle dans le pays de Durtal, tant pour la qualité que pour la quantité des vins blancs surtout. Le degré de ceux-ci monta jusqu'à treize degrés sept dixièmes, et la douceur ne le cédait pas à la force.

Le 1ᵉʳ juin 1896, M. Grosbois, fatigué par vingt-cinq ans de ministère pastoral, dont vingt ans à Durtal, donna sa démission, choisissant Durtal pour le lieu de son repos.

M. A.-Vincent Dillé succéda à M. Grosbois. Aumônier depuis huit ans du grand pensionnat des dames de Bellefontaine à Angers, il prit possession de la cure de Durtal, le 5 juillet 1896.

Dès le commencement de son ministère à Durtal, M. Dillé fit construire la sacristie déjà projetée. Quelques années plus tard il fit placer dans le chœur de l'église de belles stalles exécutées par la maison André d'Angers, dignes en tous points de l'édifice.

En l'année 1900, M. Dillé décida la fondation d'un Patronage de Jeunes Gens. M. l'abbé Proult, alors vicaire à Durtal, en fut le premier directeur. En 1908, M. l'abbé Orthion, vicaire, fonda un groupe de Jeunesse catholique et le drapeau de l'œuvre est un don de Mᵐᵉ la comtesse Jean d'Andigné

Le 14 février 1909, eut lieu l'inauguration d'une salle des fêtes, construite dans la rue des Douves par M. Prosper Legendre. Les jeunes gens du Patronage, sous la direction de M. l'abbé Leclerc, vicaire de la paroisse, donnèrent une représentation dramatique. Ce même jour eut lieu le premier essai d'éclairage électrique[1] dont la ville doit être incessamment dotée. Les fondateurs de cette salle sont, avec M le curé Dillé : MM. le comte d'Andigné ; Guyon, notaire ; Chaudet, banquier ; Gemin, pharmacien ; Doiteau ; docteur Poirier.

Le 26 décembre 1902, les sœurs enseignantes de Sainte-Marie avaient été chassées de leurs classes appartenant à l'hôpital, dons de Mˡˡᵉ Le Bailleul d'une part, et de M. Thouin de l'autre, par conséquent chassées de l'hôpital et de Durtal au grand regret de la population. Ces dames s'appellaient en religion : Sœur Flavie et sœur Saint-Charles pour l'asile ; sœur Désirée et sœur Amédée pour les classes primaires. Des classes chrétiennes ont été heureusement ouvertes aussitôt.

Le Jeudi-Saint 28 mars 1907[2], l'unique cloche de

(1) L'éclairage électrique est fourni par des moteurs de l'usine de Bré, située sur le Loir, commune de Seiches. Cette usine incendiée et réédifiée en 1882, appartient aujourd'hui à M. Fresnel, entrepreneur de l'éclairage de Seiches et de Durtal.

(2) Voici ce qu'on lit sur cette cloche :

† « Je ..... suis nommée par très hault et très illustre M. François VIII du nom, duc de La Rochefoucauld, prince de Marcillac, « marquis de Barbezieux, comte de Durtal.

† « Chevalier des Ordres du Roy, et par très haulte et très illustre « Mᵐᵉ Charlotte Le Tellier, son épouse, et par M. Joseph des Hais,

Durtal, baptisée le 2   1724, se fêla en sonnant le Gloria in excelsis. Depuis, à peine l'entend-on continuer ses sonneries devenues lugubres.

APPENDICES

I. — Liste des Curés et Vicaires de Notre-Dame au XIXᵉ siècle

1º M. Louis-Nicolas Tendron, *curé* (1802 à 1830).
    Vicaires : MM. Giffard.
               L'héritier (1820).
               Prudhomme (1826).

2º M. Louis Thouin, *curé* (1830 à 1845).
    Vicaires : MM. Louis Soyer.
               de Beaumont (1834).

3º M. de Beaumont, *curé* (1845 à 1853).
    Vicaires : MM Charron.
               Bellanger.
               Mignot.

4º M. Besnard René (1853 à 1876).
    Vicaires : MM. Chailloux.
               Loyant.
               J. Dillé, mort curé de la Rairie.
               Victor Hervé, curé de Meigné-sous-Doué
               A. Fonteneau, de Chollet, né en 1841, prêtre en 1865, devient sulpicien 1867, passe en Amérique, est économe du petit séminaire Saint-Charles, à Baltimore, meurt en 1906.

« avocat au Parlement et Sénéchal de la Ville et Comté de Durtal, et
« par dame Magdeleine LEAV, épouse de M. Jean-Baptiste LEV,
« receveur du Comté de Durtal. — M. Joseph Ravenot, prestre curé
« de Durtal, 1724. »

> Georges, curé de Grézillé, retiré à
> Angers.
>
> Maillé, mort aumônier des Dames du
> Saint-Sacrement, à Angers.

5° M. François-Jules Grosbois (1876 à 1896).

Vicaires : MM. Hervé Victor et Maillé.

> Chupin, curé d'Echemiré et ensuite de
> Saint-Aubin, Pouancé.
>
> Cornilleau, curé de Fontevrault.
>
> Guyon, curé de Montreuil-Belfroy.
>
> Sarrazin, curé de Nyoiseau.
>
> Grégoire, mort curé d'Angrie.

6° M. A.-Vincent Dillé, *curé*, 1896 à . . . .

Vicaires : MM. Grégoire, ...

> Proust, curé de Saint-Mathurin, 1908.
>
> Orthion (1902 à 1908).
>
> Leclerc (1908 à . . . .

II. — Liste des Maires de Durtal

MM.   Michel Brouard (1791).

1800 Lebrecq (1804).

1804 Urbain Briand, démissionne en 1813.

1813 Henri Pion, démissionne en juillet 1815.

1815 René-Jacques-Marie Hardiau de la Patrière.

1816 (nov.) Jules Charlery, démissionne le 5 août
            1830.

1830 (août) Henri Pion (1831).

1831 Jean Pion [1].

1855 (février) Alexandre Choisnet, médecin (1879).

1879 Alfred Marchand, docteur-médecin (1881).

1881 Charlery Raoul (1882).

1882 Alexandre Choisnet, 5 mai.

(1) Bâtit, en 1854, la nouvelle mairie.

1888 Emile Cornilleau, mort d'accident, 9 septembre 1899.

1899 Comte Jean d'Andigné, 20 mars 1899.

III. — Liste des Instituteurs et Institutrices

Les Religieuses de Sainte-Marie-la-Forêt, habitant
l'hôpital, firent la classe de 1811 à 1903.

1° *Institutrices laïques.*

Après la révolution furent institutrices :

Mˡˡᵉ Mauboussin, Mᵐᵉ Décorce.

Mˡˡᵉ Simon.

Mˡˡᵉ Aubé, jusqu'en 1876, juillet.

2° *Instituteurs.*

Laïques : MM. Jouanneau.

        Gellerat.

        Ménard.

        Labessière [1].

        Rochet.

        Hodée, devient secrétaire général de la
           Préfecture.

        Décorce.

        Souillet.

        Busson.

        Houet.

Religieux : Les frères de Sainte-Croix, de 1832 à 1834.

IV. — Comice agricole

Le Comice agricole du canton de Durtal fut fondé le
17 juillet 1856 par M. Choisnel, maire de Durtal. Il en
fut le président jusqu'en 1879.

M. Grollier lui succéda.

M. le Comte de Blois, de Daumeray, conseiller général

(1) Auteur de la Géographie historique de Maine-et-Loire.

et sénateur, fut le troisième président et il ne cessa de l'être qu'à sa mort.

M. le Comte Jean d'Andigné, conseiller général, quatrième président, donna un grand éclat au Comice et notamment aux fêtes nocturnes.

V. — Notes sur Gouis

Le presbytère de Gouis fut bâti en 1855 par le curé M. Jean Fourreau, et à ses frais, sous la direction de M. de Beaumont, curé de Durtal. Jusque-là, la maison du bourg, qui fait face à cette belle construction, et où logeait M. le Curé de Gouis, était une petite et misérable masure. M. le Curé donna le 22 juin 1857 le nouveau presbytère à la Commune à la condition que la Commune en ferait les frais d'entretien et que le presbytère resterait toujours à l'usage des Curés de Gouis seulement. M. Fourreau donna également l'horloge de l'église.

Les travaux de réparation à l'église de Gouis, restauration du portail et de la façade, furent faits en 1873 par l'architecte M. Bibard, pour la somme de 12.000 francs.

M. Bernier, curé de Gouis, orna par souscription son église d'une belle sonnerie de trois cloches faisant si, la, sol, et fondues par Bolée du Mans en l'été 1883, 1ᵉʳ juillet.

Poids total 1198 kilogrammes. Les frais s'élevèrent à la somme totale de 4.752 francs.

Bénites par Mgr Maricourt Ch. d'Angers au nom de Mgr Freppel.

Le sol a nom Fortunée-Émilie.

Le la a nom Louise-Eugénie.

Le si a nom Augustine-Georgette.

M. Genest d'Angers fit l'acquisition de l'usine et du château de Gouis au commencement de 1891.

Le château eut pour architecte M. Bibard.

A Gouis, les enfants eurent une école mixte jusqu'à

1885. Depuis cette époque les garçons eurent des instituteurs laïques et les sœurs de Saint-Charles continuèrent à faire la classe aux filles.

VI. — Notes topographiques et industrielles

La route départementale de Baugé à Segré, qui traverse
Durtal, a été faite en 1832. La superficie de la Commune
est de 6.058 hectares, dont 1 248 en bois ; une partie de
ces bois dépend de Chambiers.

Les foires, surtout celle de Sainte-Catherine qui durait
deux jours il y a trente ans, ont perdu de leur importance depuis l'établissement du Chemin de fer, qui a fait
varier le mode de transactions.

Au point de vue industriel, on compte à Durtal un ou
deux fours à chaux dont l'activité diminue, une mino-
terie, un moulin à farine et à Chalou trois moulins à
farine.

Les tanneries et coutelleries autrefois importantes ont
disparu. Il y a encore quelques fabriques de poteries.
A Gouis, M Genest exploite une belle papeterie.

CAMPAGNE DE DURTAL

Après avoir raconté l'histoire de Durtal jusqu'à nos jours, nous allons donner la liste des propriétés ou anciens fiefs situés sur le territoire de la commune. Ces fiefs sont nombreux : il est évident que les seigneurs de Durtal qui vivaient si largement et si somptueusement avaient tenu à s'entourer de vassaux dévoués. Nous suivrons dans cette nomenclature l'ordre alphabétique.

L'Augeardière

Ce hameau se trouve sur le bord de la route de Crosmières qui fut, dit-on, l'ancienne voie romaine. En 1840, comme on faisait des travaux de reconstruction dans le jardin situé entre la route et le logis, on trouva, presque à fleur de terre, un vase en terre cuite rempli d'un grand nombre de pièces d'argent des comtes d'Anjou et de Bretagne. M. Lessassier, alors pharmacien à Durtal, en fit l'acquisition.

Auvers ou Auvais
1198-1908

Comme autrefois, Auvers dépend de la paroisse de Gouis, section de Durtal.

Le nom de la seigneurie fut porté jusqu'au xiv⁰ siècle par une famille de Chevalerie.

En 1298, le possesseur était le sieur Huet d'Auvers, dont la petite-fille épousa Geoffroy Lemaçon, ancêtre du chancelier de France de ce nom.

En 1476, Jean Lemaçon, chevalier, seigneur de Foulletourte (Sarthe).

En 1594, Etienne Boylesve, conseiller et secrétaire du Roi.

En 1603, demeurait à Auvers messire Lazare Dézelue, conseiller et garde des Sceaux de Madame, sœur unique du Roi, avec sa femme Thierrine Vignais.

En 1615, Gabriel Boylesve.

En 1631, Michel Boylesve, chevalier, avec sa femme Marie de Carion. La terre fut incorporée au duché de Durtal par lettres patentes de 1740. En dépendaient les fiefs de la Grasse-Vachère, et la Cosneraye, et une mouvance censitive importante dans les paroisses de Saint-Pierre de Durtal, de Notre-Dame de Durtal, de Gouis et de Bazouges-sur-Loir.

L'habitation actuelle est encore le logis du xvi° siècle, restauré par les soins de son savant propriétaire, le docteur Farge, conseiller municipal de Durtal.

A plusieurs reprises des excavations se sont produites dans le sol, et ont fait croire à des souterrains hantés, disait-on, par de mauvais génies. Ce n'étaient que contes de bonnes femmes.

Le château d'Auvers fut, pendant la Révolution, un lieu de refuge pour les prêtres persécutés.

Le nom de Cimetière désigne un petit enclos où abondent des ossements.

Auvers avait sa chapelle dédiée à saint Georges, et une cloche qui fut confisquée pour être fondue à Angers.

M. Farges a recueilli à Auvers une clef de porte sculptée de la chapelle, et une partie de la statue équestre de saint Georges.

Saint Georges était invoqué par les habitants des environs comme le Patron protecteur des vignes, de celles de Chamblençay principalement

On s'est plu à raconter à ce sujet des scènes grotesques, inventées par de joyeux lurons en goguette ; mais ces racontars ne sont pas de l'histoire sérieuse, digne d'attention, encore moins de confiance.

M. le docteur Farges, pendant sa longue carrière de médecin célèbre, put recueillir beaucoup d'objets d'art et d'archéologie, et faire ainsi de sa maison d'Auvers un petit musée remarquable par la valeur et la rareté des pièces qui le composent.

Sa veuve, Mme Farges, de la famille Lelong d'Angers, les conserve encore aujourd'hui (1908) précieusement : elle en est justement fière.

Le Barreau et la Fontaine du Mail

Plusieurs fiefs de ce nom en Anjou désignent un lieu noble. En effet, l'ancienne habitation dépendait du château de Durtal et était bâtie dans l'intérieur de la terrasse, côté ouest, le long de la douve sèche qu'on voit encore, remplie d'arbres et de verdure.

D'où vient ce nom de Barreau et que signifie-t-il ? Jusqu'ici rien ne l'indique. Ce bel enclos, qui aujourd'hui côtoie le Loir en aval, depuis le Mail jusqu'au Serrin, mesure en longueur 600 mètres au moins, et en largeur de 150 à 200 mètres en moyenne. Il constitue la plus charmante situation de Durtal. La vue du paisible val du Loir y est admirable, et les ombrages en font un lieu de promenade unique dans les allées bien entretenues. L'enclos est fermé au nord par plusieurs maisons qui en dépendent, et par un long mur qui se replie au sud sur le Loir lorsqu'il quitte la direction de Huillé. Au sud, la rivière, avec ses prairies en bordure, complète l'entourage de ce petit parc. A la vue d'un site aussi gracieux, on le croirait jeté comme un poétique trait-d'union entre deux châteaux, celui de la ville et celui du Serrin.

En descendant le sentier qui de la terrasse conduit au Loir et qu'on appelle le Mail, on trouve, à mi-chemin et à droite, un portail fermé qui donne entrée dans l'ancien et véritable Mail. C'était en effet un lieu consacré à divers jeux athlétiques, tels que celui du mail ou maillet, et celui des barres ou barreau, à l'usage et récréation des habitants du château. Ce Mail formait une très large allée, longue d'environ 300 mètres et bordée d'arbres qui l'ombrageaient.

L'entrée existe encore et elle mérite une description, car c'est un vrai bijou du style Renaissance, bâti en 1606 par le maréchal Henri de Schomberg.

Porte du Mail.

Le portail se compose de deux pilastres en belle pierre des Rairies d'une seule pièce, simulant des assises alternativement fouillées en chenilles. Ces pilastres portent une corniche à cinq nervures en retrait. Sur la corniche se développe une frise monolithe, sculptée en trois compartiments séparés par quatre tronçons de pilastres cannelés Le compartiment du milieu représente une énorme tête de bœuf. A droite et à gauche s'appuie un fronton vigoureux au milieu duquel était sculpté un écusson armorié que la rage révolutionnaire a rasé. Il en reste cependant quelques traces. Ce devait être un blason ovale autour duquel s'enroulait un collier princier, portant en suspension au-dessous du fermail une riche décoration militaire.

Entre les pilastres principaux du portail, garnissant le centre, deux autres jambages de même style supportent un cintre largement ouvert, bordé de quatre arceaux finement ornés. Enfin la clef de voûte de ce cintre porte en saillie une superbe feuille d'acanthe dont la pointe retombe sur la porte.

A l'intérieur du Mail, le même porche reproduit les mêmes détails de sculpture, beaucoup mieux conservés de ce côté.

A droite de ce portail que nous venons de décrire se trouve une fontaine qui mérite aussi d'attirer l'attention. L'eau sourd lentement de terre au pied du coteau et remplit une large cuvette abritée par un monument semblable à la porte voisine, sauf quelques différences. Les montants ne sont plus des pilastres, mais deux superbes colonnes de style ionique, hautes de 2 m 20. La frise qui s'y appuie est un bandeau avec doubles rubans et cordons entrelacés ; elle fait ceinture sous le fronton. Le centre du fronton portait un écusson en losange, aujourd'hui presque effacé. Des dalles en pierre font la

Fontaine du Mail

toiture du monument ; on y voit à cheval sur le faîte une petite base cubique qui devait porter une statuette.

L'eau de la fontaine coule dans un bassin rectangulaire séparé de la cuvette par un petit mur avec issues étroites. On accède à ce bassin de deux mètres de profondeur par un petit escalier de treize marches. Le bassin s'étend en partie sous un pont large d'au moins deux mètres, voûté en cintre, construit pour permettre l'entrée dans le Mail. Le reste du bassin est à ciel ouvert sur une longueur de plus de quatre mètres. Le trop plein se déverse par un canal souterrain dans un lavoir qu'on trouve à gauche du chemin, le long de la clôture des anciens jardins du château, qui communique lui-même avec le Loir.

Le propriétaire de cette fontaine, qui est un véritable petit chef-d'œuvre, l'entretient avec le soin le plus intelligent.

A mi-chemin du Mail au Serrin on trouve d'autres sources très abondantes qui se déversent en silencieuses cascades dans trois bassins successifs et de là dans les prairies du Loir.

Au commencement du XIX° siècle, M. Géhard occupait la partie centrale du Barreau, tandis que M. Pion et après lui M. Blanchard de Farges habitaient la maison du Nord-Ouest. M. Viot tenait en location la maison faisant angle avec le Mail et la Terrasse. Aujourd'hui le tout est habité par les propriétaires eux-mêmes : M. Georges Géhard et M. et Mme Marchand.

Le Bignon

C'est actuellement une ferme de Durtal. On disait Bugno en 1107. En est sieur en 1630 Jacques Soreau, avocat au siège de Durtal, et à la fin du XVII° siècle et au commencement du suivant Jean Martin, vicaire de Saint-Pierre de Durtal, mort le 11 juillet 1702.

Boisgourd

En est sieur de 1639 à 1658 noble homme René Poulain. Une très abondante source d'eau ferrugineuse s'y trouve, sans qu'on cherche à l'utiliser.

Le Bois-Moreau

Ancien fief dont noble homme Robin Le Maréchal en 1442 et jusqu'en 1468 est sieur. Gilles Le Maréchal en 1470. Jean Gounin, son gendre, de 1507 à 1514. Jean Le Maréchal de 1578 à 1589. Isaac Lenfant en 1608. Joachim d'Arnac, capitaine au régiment de Navarre, et sa femme Suzanne Lenfant vendirent la terre, avec la seigneurie de Bazouges, à Damien Fontaine, sieur de la Crochinière, receveur des Tailles en l'Élection de la Flèche, 9 mars 1720.

Actuellement le Bois-Moreau est une simple ferme.

Bouillant

C'est un hameau de la commune de Durtal. On disait : Bouillaient en 1608. Tout près de Bouillant sourdent plusieurs fontaines ferrugineuses, qui s'écoulent dans la rivière d'Argance.

Cingé ou Singé

Maison bourgeoise, commune de Marcé, formant au pied de la butte des Blinettes, un vieux groupe de bâtiments avec grosse tour ronde et chapelle à part, dédiée à sainte Anne. Chingeium, Chingé (2e cart. de Saint-Serge, 1082-1114).

Cet ancien fief, qui faisait partie du comté de Durtal, au même titre que Mathefelon, paraît avoir eu quelque importance du xiiie au xve siècle ; au xviiie siècle le seigneur élevait encore la prétention d'être fondateur de l'église.

En 1644, en est sieur Louis Denais, époux de Marie Harangot : la famille Denais y resta pendant plus d'un siècle.

La métairie, appartenant au duc François-Alexandre de La Rochefoucault-Liancourt, fut vendue nationalement le 25 germinal an II, et l'étang le 28 vendémiaire, an IV,

C'est dans ces parages isolés et couverts de bois que se ralliaient, en l'an III, les anti-révolutionnaires, surnommés les Chouans de la forêt de Chambiers

En 1648, les Moulins de Cingé appartenaient à noble homme Jacques Lebloy, juge en la sénéchaussée de La Flèche ; et en 1652, à Julien Dalaine, meunier.

Chalou

Village et moulins sur le Loir, en la paroisse de Gouis. Depuis 1244, il a porté les noms suivants : Challo et Challou-Molandini. En 1504, on cite les moulins de Chaslou ou Chaillou. Il ne reste d'une belle forêt complètement détruite que le nom seul de Chalou. Au xv⁰ siècle, cette forêt était encore entière et se rattachait vers le sud à la forêt de Chambiers. Au xvi⁰ siècle, une partie en était déjà transformée en landes ; et le reste était au pillage de la part des riverains de Cheviré, Montigné et la Rairie. Cette forêt, mal gardée, appartenait aux comtes d'Anjou. Vers 1480, elle faisait partie du domaine de Durtal Le 3 octobre 1607, le seigneur de Durtal en céda un canton en toute propriété aux habitants de Montigné et des Rairies, sous la redevance pour chaque étager ou ménage des villages, d'un tourteau de six deniers, et pour les ménages des champs, d'une poule.

On signale aux environs de Chalou un camp romain, enceinte de terre parfaitement reconnaissable. Cette opinion est assez vraisemblable, car l'étymologie du bourg voisin, Cré, *Crozium*, indique un carrefour de voies romaines. Dans un autre carrefour, s'élève une chapelle dédiée à saint Philippe et à saint Jacques, autour de laquelle se tenait autrefois le 1er mai, la grande foire de Durtal. Ce petit édifice qui n'a que seize pieds de long sur douze de large, est encore visité aux Rogations. Il a été vendu nationalement le 2 septembre 1791.

Chambiers

Dans le comté de Durtal, à 3 kilomètres du château, se trouve Chambiers et sa forêt sur la rive gauche du Loir. Dès l'an 1060, ce lieu s'appelait *Boscus Camberenus* ou *Boscus qui Camberiacus dicitur*. En 1105 on lit sur un cartulaire de Saint-Aubin d'Angers : *In Iamberiis ;* et dans un autre de Saint-Serge d'Angers en 1460 : *In foresta Camberiis ;* de là vient le nom de Chambiers. Cette forêt, de vingt à vingt-deux kilomètres de tour, était coupée d'un grand nombre d'allées droites et régulières, avec des carrefours autrefois garnis de tables de pierre qui servaient de rendez-vous de chasse. Le principal de ces rendez-vous situé au centre du bois, sur la commune de Durtal, a nom la Table au Roi, et correspond avec l'Etoile de Saint-Gilles. La forêt de Chambiers renferme quatre étangs sur la commune de Beauveau, et deux autres au nord-ouest, près la route du Mans à Angers — L'essence du chêne-brosse, naturelle en ce lieu, a été remplacée en grande partie par des plantations de pins maritimes. Cette forêt, bien plus grande au XIe siècle, se confondait vers le sud avec la forêt de Baugé, par Cheviré. Elle appartenait aux comtes d'Anjou. A la fin du XIe siècle l'évêque d'Angers Geoffroy de Mayenne interdit qu'il y fût jamais créé aucune autre paroisse que la Chapelle-Saint-Laud, ni fondé église ou chapelle.

Foulques le Réchin, comte d'Anjou, donna en 1100 la

forêt à Hubert de Champagne, seigneur de Durtal ; ses successeurs y établirent au xiiie siècle un ermitage ; et plus tard y autorisèrent à Saint-Gilles la fondation d'un monastère de Récollets. Des documents du xve siècle donnent à la forêt une longueur de deux lieues et une largeur d'une lieue. La carte de Cassini lui donne des dimensions à peu près égales, soit six kilomètres cinq cents sur cinq kilomètres quatre cents. Le château de Chambiers avec ses environs dépendait de la paroisse Saint-Léonard de Durtal.

La ferme du Grand-Saint-Gilles dans la forêt de Chambiers était, en 1625, une communauté de religieux Récollets, fondée par Charles de Schomberg. Ces religieux abandonnèrent leur maison en 1789, faute de sujets pour se recruter. Elle devint depuis la maison du garde. L'évêque d'Angers avait auparavant donné commission au curé de Saint-Léonard d'exhumer tous les corps enterrés en ce lieu. On en transporta deux grands coffres, qui furent déposés dans le cimetière de Saint-Léonard, où on éleva un petit monument. Le tout a disparu en 1793

Chamblençay

Semblenciacum, Chamblençay, annexe d'Auvers, de la paroisse de Gouis, était une ancienne maison noble du xiie siècle, relevant de la Grasse-Vachère. Elle appartenait : en 1716 à Urbain Olivier, — en 1754 à Michel Olivier, échevin perpétuel d'Angers ; — en 1771 à Joseph Olivier de la Plesse, correcteur des comptes de Bretagne ; — en 1792 elle fut vendue nationalement avec Auvers.

Château-Bocé

Cet ancien château, situé à l'extrémité du faubourg Saint-Pierre s'appelait aussi Beausset ou Bosset aux xvie et xviie siècles. Il comprenait une chapelle dédiée à sainte Anne et à l'Immaculée-Conception. Cette chapelle, convertie en remise depuis la Révolution, fut fondée par Guillaume Conan, grainetier à La Flèche. Elle porte encore des armoiries accolées en double écusson au-dessus de la porte.

En 1516, Château-Bosset appartenait à Anne Conan, épouse de René Bernard, grainetier à Angers.

En 1630, le propriétaire était Fr. Berruyer, conseiller général du Domaine de Paris, et premier élu assesseur en l'élection de La Flèche. Il mourut le 25 août 1646.

En 1696, le 12 novembre, sa fille Perrine, épouse noble homme Antoine de Guyard.

En 1697, sieur Martin Berruyer en fut le maître, et en 1701, le 8 janvier, il épouse Mlle Anne Thierry de la Vieillère.

En 1711, Jacques Berruyer époux de Marie-Anne Maslin.

En 1756, le 26 janvier, leur fille Madeleine épouse dans la chapelle René Gautier, tanneur.

En 1765, J.-B.-René du Goullet, veuf de Anne-Henriette Perrine Le Cornu, en était possesseur.

Pendant la Révolution on voit Château-Bosset passer aux Gaudin de néfaste mémoire.

En 1800, cette habitation est occupée en partie par Mlles Marie-Anne et Suzanne Opéron qui y demeurent jusqu'à leur mort. Comme nous l'avons dit plus haut (voir p. 128), les deux sœurs donnèrent l'hospitalité à leur curé M. Tendron et furent des bienfaitrices de l'hôpital.

En 1850, M. Bennet devient propriétaire.

En 1898, M. le général en retraite Thévenin.

En 1907, M. Anatole Thévenin, officier d'artillerie, fils du précédent.

La chapelle de Château-Bosset mérite une description.

Orientée de l'est à l'ouest comme toutes les églises de
Durtal, elle est bien conservée malgré ses dernières des-
tinations et ses changements de propriétaires. Elle
mesure à l'intérieur cinq mètres soixante-dix de long sur
quatre mètres cinquante de large et six mètres quatre-
vingt de haut. La porte d'entrée, aujourd'hui toute couverte par les lierres de la façade, n'a guère que deux
mètres de haut sur un mètre trente de large à l'intérieur.
Elle est encadrée par des montants avec moulures prismatiques, et un arceau de même très surbaissé avec
pointe au milieu, comme plusieurs autres portes du
vieux château. Vis-à-vis de la porte, le pignon est percée
d'une élégante fenêtre divisée en deux baies par un
meneau et surmontée d'un lobe ornementé du xvi° siècle,
mais murée.

La voûte est un lambris en assez bon état, avec ses
deux tirants de parfaite facture, malheureusement
blanchis à la chaux. La voûte ogivale est peinte et divisée de bas en haut en quatre compartiments de chaque
côté, séparés par des bandes à dessins variés. L'un de
ces dessins représente un damier, un autre figure des
assises de maçonnerie. Chaque compartiment de la voûte
compte trois séparations formant trois cadres. Celui du
bas, qui a le plus de hauteur, représente un arbre vert
entouré de quelques tiges fleuries. Celui qui le surmonte
est semblable, mais un peu moins haut. Enfin, le troisième ne représente que des feuillages. A la jonction qui
sépare les deuxième et troisième compartiments, on voit
peints ici un écusson, là l'image d'un château, ailleurs
d'autres sujets moins reconnaissables.

La sacristie qui n'existe plus comme sacristie se trouvait derrière l'autel. On y entrait par une porte s'ouvrant
à gauche de l'autel. Les grandes portes latérales que l'on
voit maintenant n'ont été percées dans les flancs de la

chapelle que pour l'usage des propriétaires depuis la Révolution.

Dans le château il faut distinguer la partie ancienne et la partie nouvelle qui y fait suite. Cette dernière est sans cachet architectural même moderne. L'autre par ses formes gothiques rappelle son origine du XVIe siècle.

À l'intérieur les chambres sont de grandes dimensions. On peut s'en assurer par la salle qui sert de logis au gardien : elle mesure dix mètres de long sur huit mètres de large. On monte au premier étage et au grenier par un escalier en vis très large. Dans la première moitié les marches en bois ont remplacé les pierres d'autrefois ; dans la seconde les marches primitives sont intactes. À l'extérieur on voit à la couverture une lucarne du XVIe siècle qui mériterait une restauration complète, malgré sa largeur qui la rend massive.

Au sud du château, entre la porte de l'escalier et la rue Saint-Pierre, sur une longueur d'au moins cent mètres, M. Lhumeau, maçon, découvrit en creusant le puits de sa maison à la profondeur de près de deux mètres au-dessous du sol, un passage en belle maçonnerie, bien voûté en pierre, d'une largeur de plus d'un mètre cinquante et d'une hauteur d'environ deux mètres. On y descendait par un bel escalier. Ce passage souterrain, semblable à celui découvert il y a quarante ans dans la cour des Suisses, passait selon toute vraisemblance sous l'angle ouest de la maison Poulain et conduisait dans l'enclos du Barreau.

Chevaigné

On disait Chevaingné en 1687. Ancien fief et seigneurie de Saint-Pierre de Durtal donné avec Eventard par René du Mas à Françoise de Scépeaux, sa sœur maternelle, femme de Jean de Thévalle, le 11 juin 1544. Cette terre fut vendue par Charles de Maillé, mari de Jacqueline de Thévalle, le 23 novembre 1598 à Macé-

Aubin, qui rend aveu le 18 janvier 1608 pour son « hébergement de Chevaigné, où il y avait anciennement chasteau..... icelui chastel en ruines..... métairie, fuie, haute futaie de quatre arpents, etc. ». — Elle passa en 1673 aux enfants de noble homme René Hullin sieur des Noues et de demoiselle Marie Aubin. Elle fut enfin vendue le 28 juillet 1742, par René-Louis Aubin de la Bouchetière à demoiselle Marie-Catherine-Anne Druillon.

Cranne

Hameau, commune de Durtal, paroisse de Gouis. Ancien domaine en partie sur les paroisses de la Chapelle-d'Aligné et de Bazouges-sur-Loir, avec maison noble et chapelle fondée le 26 janvier 1688. Cette chapelle et la terre dépendaient en 1807 de la succession de Mlle Félicité Barrin. Depuis elles furent acquises par la famille Bretonneau-Crosnier. Le propriétaire actuel est M. Bonneville-Bretonneau. La cloche de Cranne, comme celles d'Auvers et du Grip, fut fondue à Angers, en 1793

Eventard

En 1673, on écrivait et l'on prononçait Evental et non Eventard. Cette ferme actuelle de Durtal était autrefois fief et seigneurie avec manoir noble et chapelle seigneuriale dans la paroisse de Saint-Pierre de Durtal. Ce fief fut détaché du domaine de Durtal, avec la métairie de Chevaigné, par René du Mas, et donné le 11 juin 1544 à sa sœur maternelle Françoise de Scépeaux, femme de Jean de Thévalle. Claude Ballue et Jean de Thévalle, mari de Radégonde Fresneau, le vendirent le 30 octobre 1586 à René Louet, intendant particulier du sénéchal d'Anjou. Cet acte ayant été annulé par retrait lignager, la cession eut lieu définitivement en vertu d'un nouveau contrat du 23 novembre 1598 par Charles de Maillé et

Jacqueline de Thévalle à Macé-Aubin, qui en rendit aveu à Durtal, le 18 janvier 1608. En 1676, en hérita noble homme René Hullin, sieur des Noues, époux de Marie Aubin.

Le 28 juillet 1742, René-Louis Aubin de la Bouchetière, qui tenait cette terre de son père, la vendit à Marie-Catherine-Anne Druillon. Aujourd'hui, Eventard et Chevaigné sont deux fermes du domaine du Grip, appartenant au comte Jean d'Andigné.

La Frémondière

En est sieur en 1650 Jean de Feuquerolles, sénéchal, juge ordinaire des eaux et forêts de Durtal. Dans un champ dépendant de ce lieu, la Goupillère, sur la rive gauche du Loir, certains vestiges ont fait croire à l'existence d'anciens bains romains.

La Galaisière

En 1638, on écrivait Galoisière le nom de cette ferme. C'était un ancien fief relevant de Durtal. Il eut pour propriétaire : en 1578 Simon-Etienne Damours, conseiller au parlement de Paris ; — en 1638 P. Busson, avocat ; en 1654 et jusqu'en 1661 Michel Boylesve.

On y signale un retranchement en terre qu'on donne comme camp romain. Dans les marais du voisinage on trouve des rangs de poutres enfoncées profondément. Ces poutres durent former une ancienne enceinte.

Le Grip

(Villa Gripus ; plus souvent encore dans les plus anciennes pièces, Villa Grippa, 1063)

Cette désignation s'applique à une localité, habitée par un groupe assez important, dès avant le xi° siècle, et qui se trouve sur la voie de Durtal à Morannes.

Morannes se trouve à dix-sept kilomètres de Durtal et onze kilomètres du Grip.

Jusqu'à la Révolution, le Grip dépendait de la paroisse Saint-Germain-sous-Daumeray. Il formait le centre d'une seigneurie importante avec château. La chapelle, comprise dans le pourpris seigneurial (enceinte), et dédiée à saint Laurent et saint Séréné, avait été fondée le 28 août 1468, par Guillaume de la Planche. M. Huard son propriétaire en 1855 la transporta à une quarantaine de mètres de ses anciennes fondations, et tout près du château, là où elle existe encore.

Mme la comtesse d'Andigné depuis l'a fait agrandir, restaurer et orner avec beaucoup de goût, dans les dernières années du xixe siècle. Les portraits de saints qui décorent les panneaux des boiseries sont dûs à son pinceau.

Du xvie siècle aux premières années du xviie siècle, la terre a appartenu à la famille Sigonneau.

De 1630 à 1691, elle appartient à M. René de Moges, et en 1692, à M. Jacques de Moges.

René de Moges, âgé de plus de 91 ans, fut inhumé dans la chapelle le 5 mai 1718, en présence de sa nièce, Suzanne [1] de Broc, dame du Grip, qui y mourut, âgée de 84 ans. Armand-René de Broc en 1757, et ensuite par

(1) On trouva aussi inhumée dans l'ancienne chapelle une famille de Sermaize, dont voici les épitaphes gravées sur plaques en marbre noir Les armoiries placées en tête ont été à peu près effacées, et certains mots sont illisibles.

Première épitaphe : Ci-gît le corps de deffunt René ..... de Sermaize, décédé le quatrième jour de May 1718, âgé de 91 ans et six mois. Prié (sic) Dieu pour le repos de son âme.

Et pour le repos de l'âme de deffunte Dame Chrisante Louise..... Champlaist de Courcelles, son épouse, décédée à Paris dans leur pépin (sic) proche les Bernabistes, le troisième jour d'avril 1687.

Deuxième épitaphe : Cy-gît ..... Françoise Suzanne ..... du Grip, de Mons et de la Fuinière, nièce de M. de Sermaize, née le 6 aoust 1664, décédée le 15 octobre 1747. Priez Dieu pour son âme.

alliance la famille Hardouin de la Girouardière possé-
dèrent cette terre. Plusieurs membres de cette famille
ont été inhumés dans la chapelle.

Quoique diminuée, la terre du Grip comprend encore
aujourd'hui de dix-sept cents à dix-huit cents hectares
en fermes et en bois.

En 1855, son possesseur fut M. Huard de Saumur. Il
remania le vieux château qui avait beaucoup de caractère, et tout en conservant les fondations en fit un autre
dans le style italien moderne.

En 1861, le Grip fut acquis par M le comte Amédée
d'Andigné, époux de Mme la comtesse Blanche-Charlotte-
Ernestine de Croix. Il fit seulement au château les res-
taurations les plus importantes.

La famille d'Andigné. qui s'est divisée en plusieurs
branches, est une des plus anciennes et la plus angevine
peut-être de l'Anjou. Dans une enquête faite au
XVIe siècle, un témoin déclare que vulgairement audit
pays on l'appelle la grande race des d'Andigné. On l'y
trouve répandue de tout temps dans les paroisses de la
rive droite de la Loire, surtout à Andigné, Angrie,
Loiré, Freigné, Le Lion-d'Angers, Chambellay, Le Lou-
roux, Chazé, Combrée, Saint-Georges-sur-Loire, Saint-
Germain, Champtocé, Angers ; et depuis le XVIIe siècle à
Vézins, Saint-Christophe-la-Couperie, La Tourlandry,
Beaufort et Durtal. Sa filiation est établie depuis 1336.
Son blason porte : « d'argent à trois aiglettes au vol
abaissé de gueule, becquées et membrées d'azur », et
pour devise : « Aquila non capit muscas. »

M. le comte Amédée d'Andigné, mourut au Grip,
le 14 décembre 1889 et fut inhumé dans la chapelle
le 19 du même mois. Sa fille la marquise de Kerouartz
repose également dans le caveau construit spécialement
pour la famille

Le château du Grip, fut détruit le 3 septembre 1906, par un incendie qui anéantit des collections anciennes d'une grande valeur artistique. M. le comte Jean d'Andigné, maire et conseiller général de Durtal, reconstruisit le château à la même place, mais sur des données anciennes.

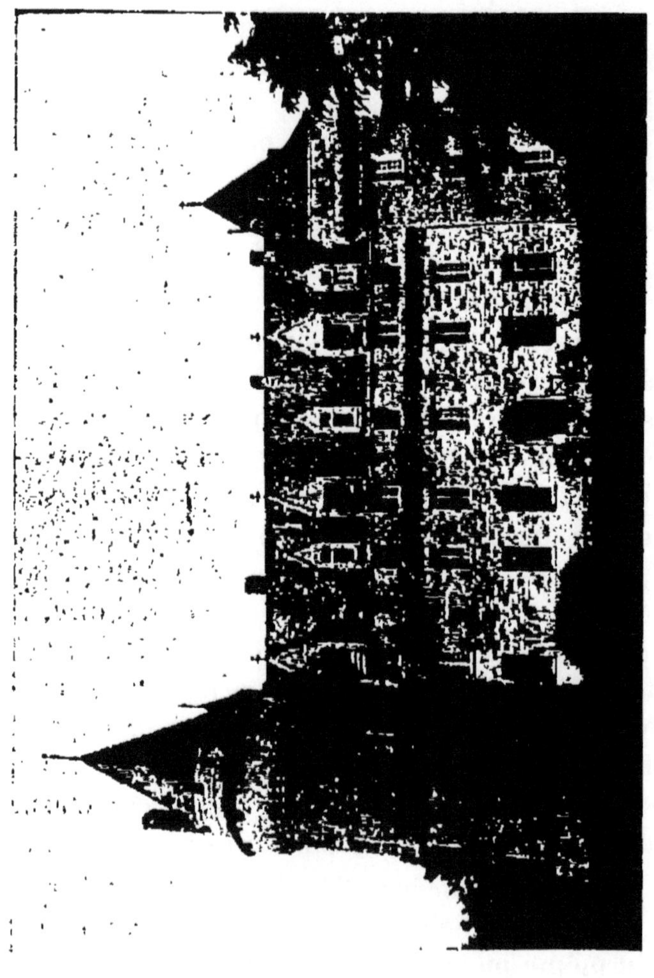

Château du Grip.

On a pu sauver de l'incendie quelques objets précieux, entre autres un beau portrait du général vendéen Louis-

Marie-Auguste-Fortuné d'Andigné, et le buste en bronze
de ce héros, modelé en 1847 par David d'Angers. On
sauva aussi un portrait du cardinal de Grœsbeeck, prince
évêque de Liège, ancêtre des de Croix, enfin le berceau
du duc de Berry et plusieurs autres pièces très chères
aux familles de Croix et d'Andigné.

Pendant presque tout le XIXe siècle, la commune de
Durtal, surtout aux alentours du Grip, fut le refuge de
plusieurs familles appartenant à la secte schismatique
des croyants obstinés de la *Petite Eglise*. La mort seule
a pu détruire les prêtres et les adeptes de cette irréduc-
tible erreur, presque tous de bonne foi.

La Motte-Grenier

Cette ancienne maison noble, située dans la paroisse
de Gouis, appartenait en 1524 à noble homme Christian
de Champagné. — Y meurt Charles le Bigot, chevalier,
le 9 janvier 1662. — En est sieur noble homme Pierre
de Bordeau, assesseur criminel au présidial de La Flèche,
1680. — Son fils la possède en 1763. — A la fin du
XIXe siècle y meurt M. Grollier, inspecteur des prisons,
et habile éleveur de sujets de la race bovine.

La Motte (Petite)

Cette terre appartenait en 1629 à Mathurin Lemonnier.
Elle était échue par succession du sieur de la Hamar-
dière, curé de Saint-Clément-des-Levées à Mme Leclerc
des Emeraux. Celle-ci la vendit le 4 mai 1763 à Messire
Pierre Bordeaux, écuyer.

Le Petit-Bois

En est sieur noble homme L. Rousseau, 1708.

Porame

Cette ferme est située près du ruisseau de Pouillé, affluent du Loir. C'est au gué de Porame que faillit se noyer saint Vincent-de-Paul [1] qui allait de Paris à Angers installer ses religieuses, les dames de la Charité. — On a trouvé en 1874 dans un champ voisin de nombreux ossements.

Saint-Blaise

Le prieuré de St-Blaise, à droite de la route de Durtal à Huillé, comprenait une grande chapelle, actuellement convertie en grange et en cellier, et dont le style fait remonter la fondation au XIe siècle. Il dépendait de l'abbaye du Mélinais, et possédait pour temporel les closeries de Saint-Blaise en Saint-Pierre-de-Durtal et du Petit-Bossé en La Chapelle-d'Aligné ; les revenus étaient, toutes charges payées, de 116 livres.

On n'a pu retrouver que les noms des Prieurs suivants : Thibault Bernard en 1426 ; Guillaume Lelièvre en 1611, mort de contagion le 3 septembre 1626 et Clair Fontaine en 1642. Pendant la Terreur, un prêtre caché célébrait la messe dans la chapelle pendant la nuit; les fidèles y étaient appelés par le bruit de la braie (machine en bois broyant le chanvre pour en extraire la filasse).

Le Serrin

Château sur le Loir, près Durtal

Sartinum (1084) ou Sarterin (1110) ; nom qui, d'après Célestin Port, se rencontre fréquemment au XIIe siècle dans les Chartes latines de divers pays d'Anjou. Ce fief fut de bonne heure réduit par le développement de la terre de Durtal. En est propriétaire :

En 1450, Mathurin Damours ;

(1) Voir p. 110.

En 1457, sa veuve, Marguerite Bridée ;

En 1529, Gabriel Damours ;

En 1578, le 18 mai, le baron de Durtal accorde droit de pêche dans le Loir, et droit de banc dans l'église Saint-Pierre de Durtal, à Étienne Damours, conseiller du Roi ;

En 1578, Pierre Damours, conseiller d'Etat et privé ;

En 1617, Michel Boylesve, sieur d'Auvers, époux de Marie de Carion ;

En 1626, noble homme Mic Guéhery, avocat au Parlement, époux de Marie Beauftai. En 1633, la fille de Beauftai épousa Jacques Deschamps, lieutenant-général à Baugé ;

En 1676, Adam Deschamps, lieutenant-général à Baugé, comme son père ;

¹ En 1733, Jean Deschamps, époux de Marie-Thérèse Havard de la Tremblaie, dont la fille épousa, à Durtal, en 1734, Messire Jean de Staigne du Val-du-Bost ;

En 1744, au mois de mars, Adam Deschamps est propriétaire du Serrin ;

En 1744, au mois d'août, Pierre Bailleul, marchand ;

En 1811, Mlle Le Bailleul.

Se succèdent au xixe siècle :

M. Oudry, ancien chef d'escadron ;

M. Emile Oudry, ancien général commandant de corps d'armée, retraité en 1907. Il fit restaurer l'habitation qui avait été reconstruite au xviiie siècle.

On parle, sans autres preuves que la légende du pays, de prétendus souterrains, communiquant avec le château de Durtal.

En 1815, les Prussiens cantonnés à Durtal, fêtèrent solennellement la Pâque au Serrin dans la prairie voisine.

(1) Au xviiie siècle, le Serrin fut reconstruit avec chapelle et colombier.

La Touchardière

Ancien domaine sur la route de Durtal à la Chapelle-d'Aligné et Précigné, donné par Antoine Jarphagnon, époux de Marie-Charlotte Nepveu, par legs en date du 14 décembre 1816, autorisé le 20 novembre 1820, aux hospices de Durtal. Ceux-ci l'ont aliéné, le 8 décembre 1868, aux époux Bretonneau, en échange d'une partie du Vieux-Château, côté nord-est, et d'une somme de 8.500 francs.

C'est là que se trouve une belle Motte féodale, mais qui n'est pas d'origine celtique; vulgairement on la nomme *La Butte aux Fées*. On lui donne ce nom parce qu'on prétendait autrefois qu'il suffisait d'y déposer au sommet, dans un trou spécial, les outils vieux ou brisés, avec le prix de la restauration, pour les retrouver neufs ou réparés dès le lendemain à l'aube. On affirmait aussi, qu'on avait voulu niveler la Motte, qui est haute de dix mètres et large de 80 mètres de circuit, mais qu'elle se reformait à mesure. Il y existe quelques souterrains à l'intérieur.

En 1874, l'architecte Bibard construisit à la Touchardière un beau et vaste château, d'un genre gracieux, plusieurs fois imité et reproduit ailleurs, par exemple à Gouis.

Le portail et les servitudes sont installées en face du côté nord sur un terrain annexé par acquêt du 13 octobre 1868.

M. Bonneville-Bretonneau en est le propriétaire actuel.

La Vallée

En est sieur noble homme Jean Gruau, grand valet de pied du Roi, 1699.

Messire René Gaultier en 1733.

La Vieillère

Cette ferme se trouve sur la route qui longe les bords du Loir et conduit à Huillé, près de Saint-Blaise. Elle est bâtie sur une pente assez brève. Cette ancienne maison noble, à croisées de pierre et meurtrières au portail, fut la résidence pendant plusieurs siècles de la famille Thierry.

En 1480, le 22 juillet, Thierry (Perrinet) sieur de la Vieillère, archer de la Garde française du Roi, est nommé par lettres de Louis XI, sergent et voyer des Eaux et Forêts d'Anjou. Son testament date du 22 février 1527. On y voit qu'il avait fait décorer « d'ymaiges » l'église Saint-Léonard de Durtal, et que sa femme Marguerite Cordier était inhumée dans l'église Saint Pierre de Durtal.

En 1598, se trouve en être le sieur noble homme Pierre Thierry. Il y mourut le 20 mai 1600 et fut inhumé dans l'église Saint-Pierre de Durtal avec grande solennité et nombreuse noblesse.

En 1649, le possesseur était Urbain de Thierry.

En 1707, Guillaume de Thierry, écuyer.

En 1827, en abattant un énorme chêne, on découvrit en ce lieu une espèce de doloire à trancher le bois. de la forme d'une ascia, extrêmement oxydée.

Canton et Communes limitrophes

DE DURTAL

Avant de terminer notre ouvrage sur Durtal, nous donnerons une notice succincte sur les communes du canton de Durtal et sur les communes de la Sarthe limitrophes de Durtal.

Montigné

Montigniacus au XIIIe siècle et Montignetum au XVIe siècle.

Commune située entre Durtal au nord-ouest, les Rairies au nord, Fougeré à l'est, Cheviré-le-Rouge et Lezigné à l'ouest.

Avant la séparation des Rairies (1865), la population de Montigné était de 1.600 habitants. Réduite en 1872 à 607 habitants, elle a encore diminué, l'industrie et le commerce étant passés en grande partie aux Rairies. Primitivement la superficie de la commune était de 1.140 hectares, elle est maintenant de 880 hectares seulement.

Le bourg est bâti au nord et au pied du coteau qui domine la vallée du Loir. La route de Baugé à Segré le traverse en entier, et les maisons de chaque côté se présentent en alignement. Dans une partie plus ancienne on voit encore quelques vieux logis à hauts pignons et croisées de pierre.

La mairie ancienne a été abattue pour en faire le presbytère ; elle touchait l'église : aujourd'hui elle est posée avec l'école communale le long de la route.

L'église de Montigné, dédiée à Saint-Pierre, fut saccagée par la foudre en 1741. Elle doit dater du XIIe siècle, mais elle fut remaniée vers le xve siècle. Au xixe siècle elle subit une transformation et un agrandissement notable, surtout dans l'abside et dans une chapelle faisant face à l'ancienne chapelle du château. Ces travaux furent exécutés par la famille de Morant. Mme la marquise de Ferrières, Clémence de Morant, a fait restaurer dernièrement la charmante flèche du clocher. Elle aussi donna la belle cloche de l'église. A la fenêtre centrale du portail découpée d'un double meneau avec enroulements variés, se montre dans le vitrail l'écusson parti des Morant, d'azur à trois cygnes d'argent, becqués et membrés de gueules posés deux et un. Dans la nef on voit une Résurrection, tableau du xviiie siècle. — De chaque côté du bas de la nef sont deux chapelles, l'une à droite avec saint Sébastien, l'autre à gauche dédiée à la Sainte Vierge. La charpente de cette partie de l'édifice est en bien mauvais état.

Depuis 1826, le cimetière a été réduit de moitié, on y voit quelques tombes du xviie siècle avec inscriptions : notamment celle de Jean Bougne en 1622, et de Jacques Lallier en 1630. En 1900, Mme la marquise de Ferrières a fait construire pour sa famille un caveau dans une superbe chapelle sépulcrale.

La liste des curés connus commence par Jean Oudin en 1468 et se termine en mai 1774 par René Gillier qui abdique en 1792 toute fonction ecclésiastique.

La terre seigneuriale de Montigné faisait partie du comté de Durtal. La Commune dépendait alors du canton de Baugé. Un décret du 6 mai 1836, la réunit au canton de Durtal.

On lit dans le dictionnaire de C. Port, qu'un certain quartier de terres situées dans la commune de Montigné a porté le nom étrange de : *Ecoute, s'il pleut.* » Le tome II des archives de Chaloché en parle à deux dates diffé-

rentes. En 1206, on lit cette mention en vieux français :
Noa d'escote-si-pluit, et en 1244 cette autre aussi originale et énigmatique : Noa de Escoute-si-il Plœt versus
forestam de Chambiers. *Noa* signifie sans doute *étang* ;
il ne peut exister que s'il pleut. L'eau en cet endroit
devait être rare. — On lit aussi qu'à Concourson coule
un petit ruisseau sortant d'un étang (quand il a plu); il
est appelé Ruisseau de l'étang de Court, s'il pleut (sans
doute que court est pour courre).

Château de la Fontaine

Ce château appartient, au moins depuis le xvii⁰ siècle,
à la famille Morant de l'Espinay. Il fut vendu nationalement le 17 messidor, an IV, mais le propriétaire M de
Morant le recouvra après l'émigration, grâce à la loyauté
d'un fidèle homme d'affaires qui acheta, régit le domaine
et le recéda à son maître pour le prix d'achat qui était
minime.

L'édifice actuel n'était, il y a cinquante ans, qu'un
hôtel du xviii⁰ siècle, un vaste rectangle sans autre
décoration qu'un étroit fronton à l'entrée, où figure un
écusson gratté par les révolutionnaires. M. Henri de
Morant y ajouta deux petits tourillons regardant le
coteau et encadrant un perron rapide et assez élevé ; le
tout est d'un effet bizarre.

Vers 1900, Mᵐᵉ la marquise de Ferrières fit construire
à l'opposé, regardant Durtal, un magnifique pavillon à
deux étages avec une tour pour escalier, d'une belle
ordonnance, mais, par son contraste, faisant paraître
trop étroite et trop pauvre l'ancienne demeure.

Le château est bien nommé La Fontaine, car bâti sur
une abondante et peu profonde nappe d'eau, on trouve
partout et presque à fleur de terre une eau très pure.

Les Rairies

Cette commune est située à trois kilomètres cinq cents de Durtal.

L'hébergement de la Rærie (1429)

Le domaine ancien, autour duquel l'agglomération s'est formée sur l'ancienne voie de Cré à Marcé, conserve le surnom du plus ancien propriétaire connu, qui sans doute y fit construire le premier logis, Etienne le Reieur, ou comme on dirait aujourd'hui Etienne le Barbier. En mourant il en fit don à l'abbaye de Chaloché, monasterium de Caloceio (1152), commune de Chaumont. Les moines étaient de l'ordre de Citeaux. De leur monastère dépendaient des terres de vingt-deux paroisses, dont l'Hermitaie en Montigné et Langotière en Cheviré. Ce monastère arrenta le Logis des Rairies. C'était au xv° siècle un manoir noble avec fuie à pigeons et garenne appartenant alors au chevalier Olivier Cléreau. Dès cette époque, les produits spéciaux du pays étaient renommés, et le roi René d'Anjou employait, en 1465, « la Chaux de la Rairie » aux réparations des Ponts-de-Cé. Un centre industriel important s'y est développé peu à peu sur un gisement considérable de calcaire jurassique exploité en galeries, dont quelques-unes sont d'une longueur de trois cents mètres et à dix mètres en contrebas du sol. Une partie s'emploie pour pierre à bâtir, de taille facile et qui durcit à l'air, mais qui gèle facilement quand elle y est trop fraîchement exposée ; le reste est converti en chaux d'excellente qualité, dans plusieurs fours. D'autres fours fonctionnent depuis 1816 pour poteries vernissées ou non : dont un aux Hardouinières, et un autre, en 1848, à la Huberdière. D'autres se construisent encore avec de récents perfectionnements mécaniques, surtout pour les Briqueteries.

Jusqu'en 1865, le territoire des Rairies formait une

section de Montigné. Dès 1841, une école avait été ouverte ; les classes furent reconstruites en 1873. L'église fut commencée en 1845 sur les plans de l'architecte Duvêtre d'Angers et terminée en 1847. L'édifice religieux de style grec présente en façade, après un porche de six marches, un portail surmonté d'un élégant clocher en pierre de Rairie. L'intérieur a la forme d'une croix latine aux transept et chœur de forme semi-circulaire. Les voûtes sont plein-ceintre, en terrasse revêtue de plâtre.

La paroisse avait été érigée en succursale par une ordonnance royale du 16 juin 1846. Le cimetière fut acquis en 1848 et le presbytère construit en 1858.

Le premier curé de la Rairie fut M. Constant Ménard, précédemment vicaire à Montigné. Homme doué d'une force physique extraordinaire, il possédait une grande activité, un dévouement sans bornes, un esprit d'ordre remarquable. Il fut le véritable organisateur de cette nouvelle commune, officieusement encouragé et soutenu par M. Beaumont, sous-préfet de Baugé.

La superficie de la commune des Rairies est de huit cent cinquante hectares ; la population en 1907 était de neuf cent vingt-cinq habitants.

La Huberdière

Le château de la Huberdière, maison bourgeoise, située à un kilomètre du bourg, est un joli édifice du xviii° siècle précédé d'un long préau couvert en berceau, et bordé sur la route de Durtal à Montigné d'une longue charmille, avec avenue, cours, parterres, bois, pièces d'eau et ruisseau d'eau vive. Il appartenait en 1825 à M. Jules Hercule-Mériadec Fillon. C'est lui qui fit construire dans les dépendances un four à poteries vernissées. Depuis lors, ce genre d'industrie a fait de vrais progrès.

M. Anthime Fillon succéda à son père en 1870. Aujourd'hui la propriété appartient à M. René Lelong, avocat près de la Cour d'appel d'Angers, maire de la commune.

Château de Mené ou Menée

Mené était un ancien fief et seigneurie avec petit manoir à tourelles et douves du XVI⁰ siècle. On l'a détruit en 1850 pour faire place à une construction sans caractère, précédée d'une longue allée droite de peupliers. La chapelle, bénite le 17 juillet 1757, est conservée dans le jardin, et ne sert que de dépôt. Les fossés font encore enceinte.

La terre appartenait jusqu'au XVII⁰ siècle à la noble famille de Tessé. En 1540, elle passa à Louis de Crouillon. Ensuite elle devint propriété de Claude Jarry, écuyer, époux d'Adrienne d'Orveaux de 1598 à 1625. Leur fille Claude épousa, le 6 octobre 1631, Jacques de Hardes. En 1865, Mené appartenait à un ancien magistrat de la Cour d'appel d'Angers, M. Courtigné. Aujourd'hui le propriétaire est M. Joseph Lelong, avoué près le Tribunal civil d'Angers, frère du propriétaire de la Huberdière.

Huillé

En 1060, Terra Ulliacus ; en 1114, Ulleium ; en 1296, Uillé

Cette commune est limitée au nord par Durtal, au nord-est par Daumeray, à l'ouest par Baracé, au sud et à l'est par le Loir, vis-à-vis de Lezigné. Huillé est à six kilomètres de Durtal et à trente-deux kilomètres d'Angers.

Sa superficie est de 1184 hectares, et sa population de 605 habitants. En dépendent principalement : La Bouchetière, Chauffour et le Plessis-Greffier.

Le bourg est un vieux centre peuplé d'hébergements à murs noirs, à fenêtres demi rajeunies avec barres de pierres transversales, fleurons découronnés, parfois même

meneaux brisés, façades en partie cachées par des constructions nouvelles, qui chaque année s'élèvent, surtout sur la route de Durtal à Baracé. L'Église, dédiée
à saint Jean-Baptiste, incendiée par la foudre en 1810,
est par suite entièrement remaniée sans art. A gauche.
dans le transept est une chapelle voûtée de huit tores
d'ogive en saillie, réunies sur une clef armoriée. Au-
dessus d'une porte condamnée on voit une fenêtre
ogivale qui l'éclaire. C'est la chapelle de l'Immaculée-
Conception, fondée et bâtie par Messire Pierre Guénard,
prêtre. Une plaque en marbre blanc, aujourd'hui brisée,
relatait cette fondation.

Dans le haut bourg se trouve dans l'ancien cimetière
la chapelle Saint-Eutrope transformée en habitation.
Elle a de cinq à six mètres de large sur quinze mètres de
long. La façade offre un pignon soutenu par des contreforts, entre lesquels apparaît une fenêtre ogivale du
XIIIᵉ siècle.

Le fief, formait une Châtellenie relevant de Châteauneuf, et que le ruisseau d'Amour séparait du Prieuré.
La liste des Seigneurs, consignée dans le dictionnaire
de Célestin Port, commence en 1369 par le seigneur
Hugues Lejau, et finit en 1787 à Pierre-Jean-Marie
Lejeune de Créqui, dont la descendance le possède
encore, représentée par M. le vicomte Adrien de Blois.
L'ancienne maison seigneuriale est adossée au bourg,
faisant face au Loir, sur soubassements, caves et premier
étage, en partie d'appareil du XIIIᵉ siècle. Au centre
s'applique une jolie tourelle d'escalier du XVIᵉ siècle,
ainsi que la terrasse dominant la vallée.

L'intérieur a conservé sa décoration d'avant la Révo-
lution ; dans le salon sont de belles tapisseries de
Flandre du XVIIᵉ siècle, avec quatre beaux pastels de La
Tour et Valentin, enfin divers portraits des seigneurs
Lejeune et Grimaudet.

Huillé est renommé par ses excellents vins blancs produits sur les coteaux de la rive droite du Loir et surtout dans l'ancien prieuré. L'année 1893 fut surtout remarquée.

Château du Plessis-Greffier

En 1245, on disait Plessiacum-Griffier.

Situé sur la route de Durtal qui suit la crête des coteaux du Loir, cet ancien fief et seigneurie relevait de Durtal. Les seigneurs ont leur nom consigné dans le dictionnaire de C. Port, depuis Robert de Montdenné en 1245 jusqu'à Godefroy-Philippe Lejeune de Créqui de Furjon. Né dans ce château le 26 décembre 1741, Godefroy de Créqui fut maire de Huillé en 1792 et de nouveau en l'an VIII ; il le devint une troisième fois en 1814. Il mourut au château le 20 août 1831.

Vers 1840, le Plessis appartenait à la famille de Villebois. M. de Villebois y mourut en 1872 des suites de la guerre de 1870. Sa fille épousa vers 1888 M. de Terrasson et quelque temps après, en secondes noces, M. de Gouyon.

L'habitation actuelle comprend un beau pavillon carré du xviie siècle avec hauts toits mansardés, auquel est adossé un lourd bâtiment terminé par une tourelle ronde à toit pointu. La chapelle moderne reste inachevée. On conserve de l'ancienne chapelle des bas-reliefs représentant les anges portant les instruments de la Passion (xviie siècle).

Une belle futaie couvre le château et le domine.

La Bouchetière

Plus près du bourg de Huillé on gravit une dernière côte. A gauche en descendant vers la rivière on aperçoit la Bouchetière. Cette ancienne gentilhommière du xve siècle, à demi modernisée, appartenait en 1738 à noble homme Michel-Camille de la Salle, et dans ces derniers temps à Aubin de Nerbonne.

Baracé

Baraciacus (en 1074). — Baraceium (en 1104)
Baracé (en 1216)

Cette commune est limitée au nord par Etriché, à l'est par Huillé, à l'ouest par Lezigné, au sud par Seiches, sur l'autre bord du Loir, c'est-à-dire, sur la rive droite. Sa superficie est de 1.346 hectares et sa population en 1907 était de 625 habitants.

Le bourg est traversé auprès de l'église par le chemin de grande communication de Durtal à Tiercé. L'ancienne église dédiée à St-Aubin, et démolie vers 1880, était un des plus anciens édifices religieux de l'Anjou, du xe siècle au xie siècle. Elle mesurait vingt-un mètres de longueur, sur six mètres vingt de largeur dans la nef et dans le chœur de six mètres quarante de longueur sur quatre mètres dix de largeur. Elle menaçait ruine ; une église neuve de style gothique a été rebâtie sur le même emplacement, mais dans une direction différente, avec le portail regardant la place traversée par la route. Un élégant clocher avec sa flèche, couverte en ardoises, lui donne grand air. Mgr Freppel en fit la consécration.

Le presbytère, proche de l'église, appartient à la famille de Manneville. — Le bourg est dès le xie siècle mentionné, d'après les Chartes, comme étant un oppidum et même un castrum ; c'était donc une résidence seigneuriale d'une certaine importance, traversée par plusieurs voies qui sillonnaient le pays, et dont l'une d'elles passait le Loir, près Vieilleville.

On possède la liste des curés ou prieurs, depuis 1568 jusqu'en 1792. Le dernier curé M. Marchand avait été

vicaire à Saint-Pierre d'Angers, et à l'âge de 27 ans il fut
nommé à Baracé. Il signe encore le 25 octobre 1792,
comme curé ; et le 13 novembre suivant, comme notable
et officier public, ou même tout ensemble curé et officier
public. Il fut néanmoins renfermé prisonnier dans l'Ile-
de-Ré, et il en sortit seulement en l'an VII, par la
recommandation de Talot, alors secrétaire des Cinq-
Cents.

La seigneurie de Baracé relevait de Lezigné. En 1557,
des *lettres royaux* ordonnèrent, au profit de François de
Scépeaux, maréchal de Vieilleville, l'union et l'incorpo-
ration des terres et seigneuries de Lezigné, Baracé,
Saint-Léonard, Pregnez et du port de Vieilleville. Il y
eut à cette union une opposition que d'autres lettres de
1559 deboutèrent en la flétrissant.

Sur cette commune se trouvent plusieurs châteaux.

Les Loges

Logœ, en latin de 1114. — Les Loges Baracé (xvii° et
xviii° siècles) sont une seigneurie avec manoir et chapelle dédiée à la Sainte-Trinité. Cette terre appartient
aux familles Pincé, du Vau, Crespin, de Baugy,
seigneurs de Baracé. Vendue en 1746 par M. de Pom-
mercial à Hernauld de Vaufoulon, elle passa en 1748 à
M. d'Etriché, officier de la Cour des comptes de Blois.
Aujourd'hui on y voit un beau château, composé d'un
corps de logis et d'un admirable pavillon Louis XIII,
dont l'ensemble récemment restauré a été complété par
l'adjonction d'un second pavillon de même style, mais
de proportions inégales — avec jardins, terrasse, étangs,
parc, trois hectares de futaies jusqu'au bord du Loir.

La petite chapelle se cache à l'opposé sur les bords du
ruisseau le Rodiveau.

La propriétaire actuelle du domaine est Mlle de Blois,
héritière de M. Blanchard de Farges.

Vieilleville

Cet ancien manoir seigneurial, non loin du Loir, appartenait dès le xve siècle aux de Scépeaux. Il fut réuni par François de Scépeaux à son comté de Durtal. (Voir p. 15).

En 1589, le logis fut pillé par les ligueurs.

L'an IV de la République Française, le 18 prairial, il fut vendu nationalement.

Ce logis comprenait deux masses distinctes de constructions, dont une formant plusieurs retours de bâtiments. Au-devant était une cour et un vivier dans l'enclos entouré de vastes jardins. Une partie seulement de la construction du xvie siècle subsiste encore. Elle est réduite en simple ferme, avec la tour octogonale de l'escalier, qui s'y applique. A côté est un petit logis bourgeois moderne. Il y avait une chapelle, dédiée à Saint-Sébastien : c'est là que fut célébré, le 8 juin 1734, le mariage de René Provost, marchand papetier, avec Perrine Surguin.

Le château de la Motte-Baracé

Mota. — Raynaldus de Mota (1082 à 1102).

Ancien fief et seigneurie avec manoir, cour, jardins, étang, fuie, qui donne son nom à une famille de Chevalerie. En est sieur de 1610 à 1626 Jean Marquis de la Motte, écuyer, chevalier de l'ordre du Roi, mari de Peronnelle Lecornu. Leur fils Antoine a pour marraine le 5 octobre 1614, Antoinette de Bretagne, dame de Guémené. — Pierre de la Motte, marié le 23 février 1645 avec Adrienne de Salles, et qui résida à Senonnes (commune de Saint-Aignan-sur-Roë, dans la Mayenne); et ensuite, Jean Marquis de la Motte, chevalier, seigneur de Senonnes, qui résida à la Motte en 1698, avec sa femme Marguerite de Racappé. — Pierre-Louis de la

Motte, chevalier, marquis de Senonnes, qui vend la terre, le 31 octobre 1757, à Pierre Benoist, avocat, mari de Denise Darlus de Monteclerc. Leur fille, Marguerite-Céleste s'y marie le 15 février 1779 avec Louis-Frédéric Herblin, écuyer, lieutenant-colonel.

Pierre-Vincent-Gatien de la Motte-Baracé, fils de Pierre-de la Motte-Baracé et de Suzanne Brouillard, né à Senonnes en 1779, puis marié à Paris, le 27 avril 1805, avec Marie-Fortunée-Gabrielle de Goddes de Varennes, mort à Angers en 1851, avait été fondateur et pendant quelque temps vice-président de sociétés savantes et d'agriculture. C'était un grand ami des lettres et des arts.

Le château, que de grands travaux en 1870 ont transformé en comblant les douves, appartient à la famille de Manneville. Feu M. le comte de Manneville avait épousé Mlle de Benoist qui habite encore le château.

En 1908, on y conserve un portrait du comte Benoist et de sa femme, ainsi qu'un crayon d'Emilie de la Ville-Leroux, par Gérard.

Étriché

Locus qui appellatur Estrichiacus (1056) ou Estrichaius (1036), Ecclesia de Estricheio (1115) ou Ecclesia de Striche, Striche (1114), Estrice (1207), ville d'Etriché (1426), sur la rive gauche de la Sarthe, entre Daumeray au nord, Brissarthe, Châteauneuf, Juvardeil à l'ouest, Tiercé au sud, et Baracé à l'est.

La population est environ de 1.230 habitants. La superficie est de 1.960 hectares.

L'église dédiée à saint Hilaire de Poitiers, est un édifice informe, incommode, trop petit pour la population. On y remarque cependant une très belle chaire en bois sculpté du xviie siècle, provenant de l'ancienne église de Juvardeil, une *Pieta* du xviie siècle, un saint Pierre et une Résurrection où le Christ tient à la main une bannière sur laquelle est écrit : Dieu fort. Une vénération particulière et très vive s'y rattache sous le titre de Saint-Fort, et autrefois de Saint-Guinefort Ces trois statues proviennent de l'abbaye de Ferrières.

L'église dont le vocable, Saint-Hilaire, fait présumer la fondation antique, fut donnée par l'évêque Rainaud de Martigné à l'abbaye de la Roë, qui y constitue un prieuré-cure, desservi par les chanoines de Notre-Dame du Bois, vers 1115.

La paroisse avait pour seigneur-fondateur le châtelain du Plessis-Chivré.

La terre du Plessis-Chivré, depuis la première moitié du xiii⁰ siècle, appartenait à la famille de ce nom. Elle passa en 1648 à la famille de Grammont et en 1690 à Alexandre de Canonville, marquis de Raffetot, par son mariage avec Catherine de Grammont. En 1780, elle est vendue 450.000 francs, au très riche M. Lemarié de la Crossonnière. M. Ménage en hérita en 1824. Depuis M. de Quatrebarbes a transformé ce domaine.

Le château édifié au xvi⁰ siècle, se compose de deux corps de logis en équerre, avec double tour d'escalier à la pointe et dans l'intérieur de l'angle. Les servitudes en forment un prolongement terminé par la jolie chapelle dont la porte est surmontée de l'écu parti des Grammont. On voit un bel autel avec rétable du xvi⁰ siècle, portant au centre un calvaire remarquable et aux deux côtés des niches avec les statues de sainte Marguerite et de saint François d'Assises. A droite, en bas relief se trouve la naissance du Christ.

Le Porage

Ce village d'Etriché est en partie de Daumeray. Il s'appelait en 1050 : *Molinum quod vocatur Gauterii Rabiosi ;* — en 1109, *Terra de Portu Rabiei ;* — en 1280, *Berie de Port-Rage.*

Le moulin, le port et ensuite le village portèrent le nom de Gautier Rage à qui ils avaient été donnés par le comte Foulques, et dont la veuve gratifia l'abbaye du Ronceray en y consacrant sa fille Lisoie, au milieu du XIᵉ siècle.

Depuis le XIVᵉ siècle, moulin, closerie et prés, dépendaient de Port-l'Abbé, domaine de l'abbaye de la Roë. — Une partie relevait de Brissarthe.

Les Moulins d'Yvré
Locus qui vocatur Ivriacus (1036-1056)

Cette ancienne agglomération sur la grande route d'Angers au Mans, aux abords d'un groupe de moulins, appartenait au XIᵉ siècle, au seigneur de Juvardeil, plus tard au seigneur du Plessis-Chivré. On en comptait trois au XVIᵉ siècle, avec écluse restant ouverte pour le passage des chalands. Les maisons entremêlées de logis antiques, à immenses toits d'ardoise ou petits tourillons pointus, forment l'alignement d'une longue rue en demi-cercle au-devant de la Sarthe. La rivière compte à cet endroit sept ou huit ilots. Un port a été construit en 1854. A l'entrée de la rue se présente une chapelle fondée sous le vocable de saint Jean-Baptiste, par Jean Lemasson, 6 août 1515.

Au XIXᵉ siècle, le crime d'un aubergiste, Pierre Chalumeau, dit Pierrit, aidé de sa femme, de sa fille et de son gendre Louis Ménard, a rendu ce lieu tristement célèbre. Ces misérables avaient noyé Xavier Delœuvre, artiste dramatique, qui deux fois déjà avait pris gîte aux moulins d'Yvré. Graciés par deux ordonnances du tribunal de Baugé, les coupables rentrèrent triomphants chez eux dans une voiture décorée de feuillages, de rubans et d'une pancarte portant en gros caractères ces mots : « Laissez passer les innocents ». Mais par suite d'indiscrétions, la Justice porte la cause à la Cour d'Angers. Là, tout contribua à prouver la culpabilité des accusés. Condamnés à mort on les exécuta sur le Champ de Mars, le 3 avril 1818. La fille Chalumeau dès le 9 janvier, s'était empoisonnée dans sa prison. Le souvenir de cette horrible histoire est encore vivant dans l'Anjou et le Maine. La complainte de Pierrit, œuvre de Maisony de Lauréal, imprimée chez Lesourd, à Angers, fut tirée à 50.000 exemplaires.

Morannes

Villa Moredena en 844. — Morannes sedis episcopalis villa (1028), vicus Morenna (1114)), Morenne (1540), sur la rive gauche de la Sarthe, commune limitée au nord par le département de la Mayenne, à l'est par celui de la Sarthe, au sud et sud-est par Daumeray, à l'ouest par Chemiré, Contigné et Brissarthe, sur la rive droite de la Sarthe. Le bourg est traversé en entier par le chemin de grande communication de Durtal. La route départementale de Morannes à Laval y traverse la rivière, depuis 1840, sur un pont suspendu. La ligne du chemin de fer d'Angers au Mans coupe la commune du sud au nord, suivant la route d'Angers et la rivière. Les trains s'arrêtent à l'entrée du bourg à une station bâtie en 1865 ; de là, inclinant au nord-est, tout auprès de Pendu, la ligne entre dans le département de la Sarthe. La rivière reçoit comme affluents au nord-est, à droite, le ruisseau de la Rétaudière, et au sud, à gauche, le ruisseau des Roches, plus les boires des Coutances et des Rivières. Les ruisseaux d'Écorce et de Laigné n'y affluent que déjà rendus sur Daumeray. Dans cette commune on distingue principalement les villages de Pendu, de Juigné-la-Prée et le château des Roches.

Sa superficie est de 4.072 hectares, et sa population de

2.400 habitants. Morannes est dès l'antiquité le point principal par où aboutissent les routes venant de Laval, de Château-Gontier, de Baugé et du Mans, par Sablé. C'est cette dernière voie que suivirent en 866 les Normands se rendant à Brissarthe.

La villa Morenne fut comprise dans la première dotation que les Rois firent à l'évêché d'Angers, et que confirma en 864 l'empereur Charles le Chauve. Avant la fondation de Châteauneuf, Morannes fut le centre principal du pays. La ville (Vicus) reste encore au xie siècle un centre de canton important, comme l'indique le mot potestas, et la résidence préférée de l'Evêque ; résidence qu'on voit déjà au xiiie siècle qualifiée de Sedes episcopalis, de Châtellenie augmentée en 1432 par l'acquêt de la baronnie de Gratte-Cuisse [1], devenue en 1433 baronnie de Beaumont en Chemiré-sur-Sarthe. Evidemment la paroisse est des plus anciennes. L'évêque en resta longtemps premier curé.

L'église a été si souvent transformée qu'elle perdit sa forme première. Une dernière restauration plus complète s'imposait dernièrement, alors que M. Goujon en était curé. Après beaucoup de contradictions il put, grâce à son énergie et à ses capacités, réaliser le plan de MM. Raulin, Dussouchay et Ruault, architectes d'Angers.

Le clocher surtout était en si mauvais état qu'il menaçait ruine. L'approbation et l'adjudication des travaux, datées de juin 1883, furent suivies dès le mois de juillet d'un commencement des démolitions nécessaires. Le 4 août, on descendit les trois cloches du beffroi, dont les deux plus grosses étaient fêlées. La plus petite, montée à terre sur un beffroi provisoire, put encore servir quelque temps. Le 22 novembre de la même année les fouilles de

____

[1] Dictionnaire de C. Port.

démolitions étant achevées, on se mit à les remplir d'une couche de béton d'un mètre d'épaisseur.

Presque partout le travail fut entravé par l'invasion de sources vives, surtout auprès du clocher, le point dangereux. Enfin la première pierre fut posée le 5 mars 1884 et le 24 février 1885 les travaux étaient terminés.

Le *pignon de façade*, situé à l'ouest, précédé d'un perron de cinq marches, est soutenu par quatre contre-forts grossiers. En bas, s'ouvre un portail ogival très simple. Ce portail est surmonté d'une fenêtre à deux baies et à meneau tréflé. On aperçoit au-dessous, dans la maçonnerie, la trace du toit d'un auvent abattu.

La *nef*, comme la façade, est très simple ; elle est bâtie en petit appareil irrégulier. Elle est divisée en trois travées, avec voûte ogivale en briques reposant sur colonnes ordinaires, flanquées chacune de deux autres plus fluettes. Cinquante ans plus tôt, la voûte n'était, en cet endroit, qu'un lambris en berceau peint, ainsi que ses tirants et les murs intérieurs. Les peintures assez curieuses ont disparu sous un enduit blanc assez monotone. Au bas de la nef, sur le porche, règne une tribune pour enfants. Dans chaque travée et de chaque côté de la nef, les murs sont percés de fenêtres à une seule baie romano-ogivale. La première à droite a une fenêtre romane, avec bordure en zig zag, couronnée en fer à cheval, avec chapiteau formé d'entre lacs et de serpents xiie siècle (C. Port). Du même côté de la nef, avant la chaire adossée au pilier du transept, s'ouvre une porte latérale sur le sud.

Cette nef est heureusement décorée ainsi que les chapelles latérales du beau Chemin de Croix (deuxième grandeur), de notre regretté compatriote et artiste sculpteur religieux, M. Henri Bouriché d'Angers [1]. C'est un don précieux d'un officier en retraite à Morannes.

Le *transept* portait, il y a presque un quart de siècle, sur quatre énormes piliers, aujourd'hui remaniés, le clocher qui menaçait ruine.

Le clocher fut alors abattu et rebâti, à gauche sur l'extrémité inférieure de la chapelle de la Sainte-Vierge, et sur le bras prolongé du transept Dans le rez-de-chaussée du clocher nouveau s'ouvre le grand portail latéral nord, et tout à côté la petite chapelle des Fonts-Baptismaux, faite en forme de calotte demi-sphérique. Au premier étage du clocher, on aperçoit une tribune, largement ouverte sur le transept. Elle est éclairée du côté nord par une grande fenêtre à vitres blanches, et divisée en trois larges et hautes baies ; celle du milieu est un peu plus élevée et son sommet est presque imperceptiblement ogival. Les meneaux du milieu et des côtés sont forts, et l'on remarque qu'ils sont prismatiques comme dans une construction du XV⁰ ou du XVI⁰ siècle.

Le *chœur* fait suite au transept ; il est encadré par quatre gracieux piliers, placés en carré et à égale distance. Chacun d'eux est formé d'une forte colonne centrale et comme encerclée de quatre colonnettes légères ; le tout couronné de chapiteaux élégamment fouillés, en feuillages variés. Sur ces quatre piliers descend et se repose l'ancienne voûte Plantagenet du XII⁰ siècle.

Au fond du chœur et le séparant de l'abside, se dresse l'autel Majeur. Il est ancien, venu de l'église abbatiale de Saint-Serge d'Angers ; il n'a rien de remarquable.

Quand on vient de la nef, le chœur s'ouvre à droite

(1) H. Bouriché, né le 10 du mois d'août 1826, à Chemellier canton de Gennes, dans le Saumurois : D'abord simple petit berger, puis ouvrier menuisier, devint artiste à force de travail et de génie, mort en 1906.

et à gauche sur des chapelles latérales, ajoutées au
xv⁰ siècle, afin de prolonger les bras du transept. On y
accède du côté droit par un arceau très étroit. Là, à
main droite, se présente une belle et grande fenêtre,
semblable à celle du clocher, décrite ci-dessus et lui
faisant face. Elle offre une belle verrière, aux tons fort
doux, œuvre de M. Clamens d'Angers, toute entière
consacrée à reproduire, en un grand nombre de petits
tableaux, la vie de saint Aubin, patron de la paroisse. A
la suite, apparaît une fenêtre géminée, à meneaux à
quatre feuilles, style rayonnant, où sont peints deux
faits principaux de la vie de saint Joseph : Œuvre encore
de M. Clamens, mais d'un autre style. Au fond de la
chapelle est l'autel et la statue de saint Aubin. La fenêtre
est de style flamboyant, et aussi d'un beau coloris.

Nous arrivons à l'*abside* : De ce point on passe derrière
le grand autel et l'on se trouve dans l'abside qui forme
un carré. Le fond est donc plat, avec deux fenêtres, à
une seule baie chacune. Sur chaque côté s'ouvre aussi
une fenêtre de mêmes dimensions et de même style
romano-ogival. Le peintre des vitraux qu'on y remarque
est M. Thierry d'Angers. Il a représenté en de petits
tableaux quelques détails de la vie de Jésus et de Marie.
Sous l'une des fenêtres latérales, du côté droit, on entre
dans la sacristie. En sortant de l'abside par le côté
gauche, on descend dans la *Chapelle de la Sainte-Vierge*.
Sur la même ligne que le maître autel du chœur, on voit
appuyé au mur du fond un grand autel remarquable, qui
précédemment faisait le fond de l'abside. Il est tout en
marbre, et se développe en forme de Triptyque, avec
fronton, larges guirlandes qui enlacent trois niches,
dans lesquelles sont trois statues : à droite celle de saint
Louis, qu'un amateur croit être l'image de Louis XIV,
au milieu celle de la sainte Vierge, et à gauche celle de

saint Jean l'évangéliste. Ce superbe autel fut jadis consacré, le 16 septembre 1663, par l'évêque d'Angers, Henri Arnauld, dont il conserve encore les armes, et qui a été transporté de l'abside en cet endroit, lors des travaux de la restauration du milieu du XIXe siècle.

Du côté gauche de l'autel et tout auprès, le long du mur latéral, on a élevé, en 1852, un monument à la mémoire de l'ancien curé, le vénérable M. Abélard. Sur le même côté se trouve le monument de son successeur M. Pierre Goujon, à qui l'on doit la reconstruction et l'embellissement de l'église. M. Goujon mourut le 25 janvier 1899. La ressemblance du buste n'est pas parfaite, faute d'avoir eu un modèle exact

Cette chapelle, comme celle du côté droit, a des fenêtres de même style rayonnant. Les verrières de M. Clamens représentent ici la vie de la sainte Vierge. Le coloris en est très vif.

On signale au bas de l'église un bénitier en marbre, dont le bord intérieur porte cette inscription : M.-M. 1768. Discrète indication, sans doute, du donateur M. Michel Machefer, curé de Morannes à cette époque.

A l'*extérieur*, à l'angle sud, on montre, cachée derrière une chape ogivale, une fontaine intarissable d'eau d'une limpidité parfaite, d'une saveur et d'une fraîcheur très appréciée. C'est la fameuse fontaine des Jobs. De joyeux plaisants aiment à se donner libre carrière en parlant de cette fontaine, mais ces plaisanteries ne sont pas de l'histoire.

Le *clocher* a au-dessus du premier étage un second qui sert de beffroi. Chaque face de ce monument quadrangulaire est ouverte par une large fenêtre à double baie, style ogival XVe siècle. Là, se trouvent les cloches et une horloge sonnant sur la plus petite, le mi. La sonnerie se compose de trois belles cloches, chantant MI, RÉ, DO majeurs. Quoique très riche de sonorité, l'ensemble en est lourd. Pour un prix égal, on eut pu avoir quatre cloches sonnant ut basse, et fa, sol, la, supérieurs, d'un effet plus harmonieux et plus riche ; c'eût été la joie et la grâce en haut, et en bas la majesté et la puissance, donnant une grande variété de combinaisons suivant les fêtes et offices.

A l'étage du beffroi se superpose une couronne architecturale composée de trop nombreux clochetons qui enlèvent à la belle flèche son élégance. En somme, église curieuse et digne d'attention.

Les maisons de l'école libre sont dues principalement à la piété généreuse de M. le vicomte et de Mᵐᵉ la vicomtesse de Maquillé, née de Quatrebarbes, suivant la tradition de dévouement de leurs nobles familles

Le 1ᵉʳ janvier 1898, l'asile communal ayant été laïcisé et la sœur Berthe, de la communauté des dames de Sainte-Marie-la-Forêt, ayant été, après quarante ans de travail, indignement chassée de sa classe, M. le curé Goujon, aidé de l'honorable M. Charron, ancien maire, construisit un autre asile. Les travaux furent achevés le 19 juin 1897. Les salles furent bénites par Mgr Pessard, vicaire général, à la joie unanime de la population catholique de Morannes, heureuse de revoir sœur Berthe reprendre la direction de leurs petits enfants.

De tout temps d'ancienneté, est-il dit en 1587, il y eut à Morannes une école paroissiale, qui fonctionna grâce aux subsides d'une confrérie de la Conception Notre-Dame. Cette tradition s'est transformée, mais continue.

Il y eut aussi jadis à Morannes et dès le xⁱⁱⁱᵉ siècle une Léproserie ; puis au xvᵉ siècle une Aumônerie. Au xvⁱⁱᵉ siècle, l'hôpital a remplacé ces œuvres de bienfaisance toujours inspirées des mêmes sentiments de charité chrétienne. Comme à Angers, l'hôpital de Morannes reçevait tous les malades pauvres sans distinction de pays et de religion, autant qu'il en pouvait contenir L'architecte Duvêtre d'Angers a reconstruit cet hôpital sous le second Empire, avec la chapelle au centre entre deux ailes.

Le château seigneurial s'élevait à trois cents mètres du bourg vers l'est, à droite de la route de Daumeray. Il ne restait au xviiie siècle de cette magnifique demeure ni vestige, ni mémoire. L'évêque d'Angers, H. Arnaud, descendait alors à Grignon où il passait chaque année plusieurs semaines avec son secrétaire Musard. La partie principale du domaine, c'est-à-dire les bois, fut de même pillée de toute main et anéantie.

Mgr de Bueil, évêque d'Angers, de 1374 à 1439, reconstruisit le four à ban près de l'église, ainsi que la Halle ou Cohue voisine pour la boucherie et le marché. Près le moulin à tan on ajouta en 1453 un troisième moulin à draps. Le tout fut transformé en véritable fort pendant les guerres de religion. Les ligueurs s'emparèrent de ce fort et mirent le bourg au pillage, 20 novembre 1589. Le pays fut ravagé jusqu'en 1600, par les armées qui incendiaient tout sur leur passage.

Jusqu'à cette époque Morannes était donc « un des plus gros lieux de la province, après les villes murées », et le seul passage pour les marchands du Maine qui se rendaient à Angers, à Tours et à Château-Gontier. Ce bourg fut ruiné dès 1750 et 1789, mais surtout par l'ouverture des grandes voies de communication qui le laissèrent à l'écart et par la concurrence des foires de Châteauneuf, Durtal, Sablé et Saint-Denis-d'Anjou. Il faut dire encore que pendant la Révolution, Morannes fut un des plus ardents foyers de la résistance contre la Convention. Ces luttes intestines n'enrichissent jamais un peuple ni une région.

Village et Moulins de Pendu

Terra quæ dicitur Appendutum (1038). Duo Molendina apud Pendu (1292).

Le nom de Pendu ne réveille aucun souvenir de crime ou d'exécution judiciaire, mais signifie une annexe, ou chose qui dépend d'une autre, ce qui, dans le cas présent, veut dire que cette terre et ce village ont dépendu jadis de Daumeray. L'agglomération s'est formée autour des moulins, dont on constate l'existence dès le xie siècle. Le fief où ces moulins étaient établis, formait une seigneurie importante, appelée la Motte de Pendu, dont le manoir était ruiné avant le xve siècle.

Dans la suite des seigneurs, depuis Hugo de Cornillon en 1280, jusqu'à Urbain Leclerc en 1657, on remarque les noms de la famille des Roches, puis des Clérembault, des Auvé, enfin de 1583 à 1657 des de la Jaille. Ces seigneurs, par alliance, avaient réuni au domaine de Pendu, ceux de la Guyonnière, de Cutesson, Colombeau et du Génetay. Mais en 1657, Urbain Leclerc s'en vit judiciairement dépossédé au profit des Ursulines d'Angers. Les moulins, l'un à papier, l'autre à blé, furent vendus nationalement le 14 avril 1791. On trouva aux archives départementales de Maine-et-Loire, de beaux plans avec vues à vol d'oiseau des édifices de Pendu.

Juigné-en-la-Prée

*Prioratus de Juinniaco de la Prata (1134).
Juignacus (1150)*

Sur la route de Daumeray à Morannes, on passe dans le village où était un ancien prieuré de Saint-Serge d'Angers, fondé au xie siècle, sur le domaine de l'évêque, seigneur de Morannes, dans une dépendance de la terre de la Prée ; il était doté par son tenancier, le seigneur de

la Motte de Pendu. Au XIIIe siècle, il s'y forma un petit
bourg. L'abbé était obligé, au XIIe siècle, d'y entretenir
deux religieux, dont l'un devait être un prêtre afin qu'il
desservît la chapelle. Il devait au jour de Noël présenter
au seigneur de Pendu *unum panem* (un pain), appelé un
eschaudé. Les seigneurs avaient aussi le droit d'envoyer
en ce lieu, si bon leur semblait, leurs femmes y faire, au
moins une fois dans leur vie, leurs couches ; d'y être
logées, nourries, entretenues de tout aux frais du prieuré,
avec leur suite, et cela quinze jours avant et quinze jours
après la naissance de l'enfant.

Le 28 avril 1891, ce bel établissement fut vendu nationalement à M. Dobrée, de Nantes. C'est un vaste rectangle de trente mètres de côté. La façade orientale est
surmontée de trois hautes croisées à pignons aigus, à
meneaux de pierre et à moulures prismatiques se prolon-
geant d'un même dessin en lucarnes fleuronnées avec
échelons de choux rampants. Entre trois énormes
contreforts paraissent, sur trois côtés, les antiques baies
romanes, emmurées en plein-cintre, à claveaux réguliers. A l'intérieur, la maison est découpée en longueur
et en hauteur ; à peine y reconnaît-on la chapelle. Une
grande et belle cheminée de pierre, du XVIe siècle, conserve, sculpté à son manteau, un écusson sommé d'une
crosse abbatiale, et coupé aux 2 et 3 de... la main ouverte
au naturel. Beaux restes pour une ferme. On dit que des
souterrains se prolongent sous un côté de la cour, très
loin

Les Roches

Ancien fief et seigneurie avec château des XVe et XVIe
siècles, appartenant à la puissante maison des Leclerc
des Aulnais et de Sautré.

En 1480, Pierre Leclerc, lieutenant au château de
Sablé, est propriétaire des Roches. La propriété échoit

dans la succession de Joseph Gaillard, prieur de Fontenay, à sa sœur Françoise, épouse de Louis Leroy. Celui-ci la vendit en 1728 à François-Pascal Gaudicher, président de l'Election d'Angers. Gaudicher meurt en 1757, âgé de 79 ans. En 1789 les Roches appartiennent à messire Jean-Marie Gaudicher. — Au XIXᵉ siècle, M. de Quatrebarbes fait reconstruire le château. La chapelle qui avait été bénite le 24 décembre 1638 le fut de nouveau le 30 août 1737.

Le propriétaire actuel est le vicomte de Maquillé-Quatrebarbes.

Grignon

Cette maison du bourg de Morannes est un logis du XVᵉ siècle dont la porte d'entrée est intéressante. Dans l'immense cour se développe le bâtiment en carré long qui paraît être de la fin du XVIᵉ siècle et n'a plus que ses lucarnes sculptées.

Il y avait des vitraux de fabrique suisse d'une grande perfection. Recueillis par M. Choisnet, maire de Durtal, ils ont disparu

Le possesseur de Grignon était en 1642 noble homme Balthazar Musard, époux de Marie Lemasson et secrétaire de Henri Arnaud, évêque d'Angers. Il avait fait restaurer le logis où l'évêque avec sa cour épiscopale venait chaque année prendre quelques semaines de repos.

En 1708, Henri Musard, capitaine, grand exempt des gardes du feu duc d'Orléans, y résidait encore.

Daumeray

Daumerium (1040), Dalmare (1185), Parochia de Daumere (1234), Daumeray-sous-les-Noyers (1598).

Bourg établi sur un plateau incliné vers le sud, borné au nord par le département de la Sarthe, à l'est par

Durtal, à l'ouest par Morannes et Etriché, et au sud par Tiercé et Baracé. Dans cette commune naissent les ruisseaux de Suil, de la Grande-Huinière et de Piffaudon. Les ruisseaux du Grip et du Rodiveau ne font qu'y passer, ces derniers se jettent dans le Loir, les autres dans la Sarthe. De Daumeray dépendent le bourg de St-Germain, le Porage, Doussé, etc.

La superficie est de 4.053 hectares, dont 150 au moins en vignes, 290 hectares en bois et 3 hectares 22 centiares de communaux en landes, le reste en cultures variées.

La population était, vers 1790, de 2.259 habitants, dont 417 de Saint-Germain ; elle n'est plus en 1908 que de 1.520 habitants, tout compris. La décroissance a été rapide et constante.

Il y a dans cette commune deux églises, celles du bourg de Daumeray et celle du bourg de Saint-Germain. L'église du bourg principal est dédiée à saint Martin et à saint Éloi, et son origine remonte au xie siècle. Elle a la forme d'une croix latine ; avant et depuis 1884 elle a subi plusieurs transformations. Voici son état actuel : Aux murs latéraux de la nef, large de dix mètres sur trente de longueur, s'appliquent de chaque côté cinq épais arceaux retombant sur de larges piliers. Le transept carré, voûté en coupole comme dans un moule de blocage informe de pierres non équarries et de mortier, s'ouvre sur chaque face par un double arceau roman qui se continue jusqu'à terre, flanqué d'un groupe de légères colonnes à chapiteaux romans. A droite et à gauche une chapelle adhère au clocher, rebâti sur l'ancienne sacristie qui est devenue une décharge et un passage pour entrer latéralement dans le chœur.

Le chœur et l'abside ont été complètement transformés. Le sanctuaire comprend une travée, la première du chœur, divisée en deux parties, par une légère colonne portant un arceau de la voûte. Chaque partie a sa fenêtre romane, encadrée d'un arceau plein-cintre d'un dessin très gracieux. La travée suivante, commençant le chœur, n'est pas double et n'a qu'une fenêtre semblable aux précédentes. La dernière travée forme une abside carrée, reproduisant en face avec ses deux fenêtres, l'architecture des côtés du chœur. La nef est voûtée par un lambris peint sobrement, divisé en sept compartiments, encadrés de haut en bas par de légers rinceaux et par une bordure inférieure de plusieurs lignes, courant tout le long de la corniche de la nef.

Le clocher très distingué, de trente-deux mètres d'élévation, comprend trois étages. Celui du bas s'élève à la hauteur des murs du chœur : il est percé dans la façade sud par deux ouvertures géminées, longues, étroites et équilatérales.

Le second étage s'élève jusqu'à la hauteur d'une corniche, ornée de billettes, et au niveau du faîtage de l'église. Il est éclairé par deux fenêtres romanes géminées, reliées par un arceau plein cintre et par un œil de bœuf sans ornements.

Le 3ᵉ étage, moins haut que le premier, mais plus haut que le second, est orné de deux grandes et étroites fenêtres géminées du même style roman, surmontées d'une cimaise cintrée, faisant suite à la cimaise horizontale. L'étage supérieur est flanqué d'une colonnette à chaque angle au-dessus des contreforts qui supportent la corniche du clocher.

Enfin, la couverture en ardoises de 10 ᵐ 50 de hauteur domine le clocher en dessinant ses formes. Elle n'est donc pas de forme carrée, mais quadrilatérale à la base. Sa face la plus large regarde le portail de l'église. Sur chaque face, il y a dans la partie inférieure du toit une lucarne à baie hautement cintrée, et au-dessus, vers le sommet, un lucarneau à baie surbaissée. Le tout est couronné d'un faîtage dentelé d'une galerie ornée en zing, et de deux étaux d'où s'élèvent sur l'étau de droite une croix ouvragée en fer, et sur celui de gauche, une tige en fer plus haute que la croix, et portant le coq en girouette. L'ensemble intérieur et extérieur de l'église forme un tout original et parfait. Il fait honneur au talent des deux architectes d'Angers, M. Dussouchay et M. Ruault.

Le portail est moderne, mais les murs latéraux de la nef subsistent avec le petit appareil irrégulier d'autrefois. Après le portail, on entre dans la nef sous une tribune. Une sacristie nouvelle, bâtie en 1884, fait face dans le chœur à la porte de l'ancienne. Pour aller de l'une à l'autre on passe derrière le grand autel.

Cet autel en marbre noir et rouge brun est vraiment beau. Malheureusement, il se trouve plus éclairé par derrière que par devant, car le transept est sombre. On doit aussi un regard à la chaire posée au pilier qui sépare la nef de la chapelle gauche du transept. Sa forme n'est pas ordinaire et mérite l'attention.

La restauration ainsi décrite fut faite aux frais de la fabrique et du charitable curé, M. Marie Chevalier, en parts à peu près égales. Le tout, y compris pour achats de vitraux, donnés par les familles de Blois, Prévost, Lemonnier, Lemotheux Jules et d'Andigné, a atteint la somme de 101.850 francs. Cette charmante église fut consacrée, le 24 septembre 1890, par Monseigneur Freppel, évêque d'Angers. Une plaque commémorative préparée par M. Chevalier lui-même, devait rappeler dans l'église ce souvenir, mais elle ne fut pas exécutée. A cette occasion, M. Chevalier fut nommé chanoine honoraire de l'église cathédrale. Peu après, à la fin de décembre 1894, cet excellent prêtre mourut et fut inhumé dans le cimetière paroissial.

Dès l'année suivante, 1895, on installa aux frais communs de la fabrique et de la commune, une horloge publique dans le clocher.

Le 23 janvier 1896, la paroisse reconnaissante fit relever le corps de son bon et vénéré pasteur pour le transporter du cimetière dans l'église. Sur cette tombe on éleva un monument dans le côté sud du transept, près de la chapelle Saint-Joseph. Ce monument est en pierre de Vergelet qui en fait le cadre, entourant un médaillon en marbre blanc sculpté, représentant M. Chevalier.

Les stalles et boiseries du chœur furent faites et posées en 1898 par M. Oger d'Angers.

Le presbytère, acquis par la commune, avait été reconstruit en 1827. Il fut depuis restauré.

L'église de Daumeray, dès son origine (xi⁰ siècle), appartenait au seigneur du pays. En expiation de ses péchés, vers 1047, celui-ci fit don de l'église à Albert, abbé des moines de Marmoutiers, à Tours. Cette donation comprenait, outre le bourg qui se bâtit à l'entour du clocher, divers droits pécuniaires, les prés attenants au cimetière, et la forêt de Châtillon [1], que les moines pouvaient défricher. Le principal bienfaiteur des religieux du prieuré fut le chevalier Rainard.

Hugues de Mathefelon, longtemps leur ennemi, se réconcilia avec eux, vers la fin du xi⁰ siècle et à son tour devint leur bienfaiteur. Grâce à lui, le prieur avait droit à certains revenus ; il nommait le sacristain et le maître d'école et seul autorisait les inhumations dans l'église. Il n'était obligé, d'ailleurs, qu'à y entretenir un seul religieux à résidence. Le premier prieur fut Fulcodius, vers

<hr>

(1) Ce grand Châtillon, commune de Lué, s'appelait en 1000 : Silva quæ appellatur Castellonium.

l'an 1060. Le dernier, de 1631 à 1653, fut René Lanier, trésorier de l'église d'Angers.

Nous avons la liste des curés, qui commence en 1455 par Jean Gauthier. En 1626, est curé Etienne Focoyn, docteur en théologie, de la Faculté de Paris, conseiller et aumônier du Roi Il fut pourvu de la cure de Daumeray le 5 novembre 1626. En 1663, il s'en démit en faveur de son neveu Adrien, sans cesser cependant de résider à Daumeray et d'y officier, comme l'atteste sur les registres paroissiaux sa signature. Il y mourut en 1677, âgé de 83 ans, et fut inhumé devant le Crucifix. On a de lui deux livres de mysticité : *La céleste conversation de saint Paul,* dédié à l'évêque Henri Arnaud (1654) et le *Saint Exercice de l'honneur chrétien*, dédié à Abel Servien (1655). Jean Focoyn est curé du 3 mars 1670 jusqu'en 1694. Il mourut le 19 novembre 1708, âgé de 69 ans. Enfin, un autre curé du même nom, Jean-Baptiste Focoyn, exerça depuis 1694 jusqu'à sa mort le 11 septembre 1716, âgé de 63 ans. De 1716 à 1744 M. Hamoche est curé, et il meurt à 55 ans. Michel Gault de la Grange lui succéda. Le 29 avril 1790, ayant refusé de prêter le serment schismatique à la Constitution, M. Gault quitta Daumeray. M. Dreux de 1790 à 1792, M. Lesourd en 1792, M. de Terves jusqu'à l'an III, tous trois curés constitutionnels, se succédèrent malheureusement à Daumeray. M. Gault, d'abord emprisonné pour la Foi à Angers, périt ensuite dans les noyades du féroce Carrier, à Nantes.

On trouve dans les archives, qu'en 1611 une école chrétienne fut fondée pour l'instruction de la jeunesse par M. le curé Houssaye ; puis pendant près de deux cents ans on voit cette école desservie par des prêtres, avec le titre de maîtres d'école.

Pendant la Révolution, le bourg de Daumeray souffrit beaucoup d'habitants aux idées exaltées, désignant à la

haine et aux persécutions les hommes d'ordre et de religion Combien d'honnêtes gens furent ainsi traqués et
même mis à mort par ces faux patriotes !

Saint - Germain - sous - Daumeray (1775)
ou Saint-Germain-lès-Durtal (1781)

Ancien fief, dont est sieur en 1455-1459 Jacques de
Surgères. — Plus tard ce furent les seigneurs de Rais ou
Retz, et de Craon, puis les Rohan, notamment Rohan,
évêque d'Angers (1504-1552). — Jules-Hercules de Rohan
vendit cette baronnie le 15 juin 1762 pour 20.000 livres
à Charles Richer de Neuville, qui mourut le 6 mai 1766,
dans son château de la Roche-Jacquelein, laissant pour
héritière sa sœur, mariée à François Lejeune de la Furjonnière. En est seigneur en 1789, le sieur François-
Louis-Marius Lejeune, qui s'intitule comte de Daumeray.
Cette terre de Saint-Germain donnait la seigneurie des
deux paroisses de Daumeray, le bourg principal restait
le domaine propre et privilégié des Moines ; et le bourg
de Saint-Germain était devenu quand même seigneurial.
L'origine de ces deux églises, de Daumeray et de Saint-
Germain, est en effet si identique, qu'on peut les appeler
sœurs jumelles.

A Saint-Germain, on trouve la paroisse constituée dès
le milieu du xie siècle. L'église appartenait à Marcouard
de Daumeray qui, blessé d'un coup d'épée, fut guéri par
les moines de Marmoutiers qu'il avait pourtant si souvent et si durement offensés. Touché de reconnaissance,
il la leur donna tout entière, constructions et revenus,
« casam et altare ». De bonne heure les Rohan la retirèrent de la main des moines pour en doter le chapitre
d'Angers. Depuis le xvie siècle au moins, cette église
Saint-Germain était à la présentation du grand archidiacre d'Angers. Elle resta desservie jusqu'à la Révo-

lution. M. Jacques-Stanislas Lefebvre en fut curé en 1774. Ayant courageusement refusé le serment à la Constitution civile du clergé, comme son confrère de Daumeray, il fut dénoncé, emprisonné au séminaire d'Angers, et comme lui subit à Nantes le martyre sous le féroce proconsul Carrier. M. Lefebvre voyant, dès 1775, que l'église menaçait ruine, entreprit de reconstruire l'église en un lieu plus élevé. Le 13 décembre de cette année on adjugea les travaux à Pierre Jousseaume : le devis étant insuffisant, on confia à Simon, architecte du Prytanée de la Flèche, le soin de dresser de nouveaux plans avec devis. L'œuvre, commencée en 1786, fut terminée le 14 mai 1787, mais l'église primitive ne fut pas rasée comme le portait le projet. Il en résulta que la nef avec son portail fut seule exécutée, le chœur, plus étroit, étayé à l'extérieur par de nombreux contreforts à deux étages, remonte au xiv° siècle. L'intérieur est nu, n'ayant que des autels modernes dans la nef, et dans le chœur un autel dont le fond en tuffeau, taillé de gracieuses moulures, avec guirlandes de feuillages, représente la Résurrection de Jésus-Christ. Il avait été construit de fond en comble en 1629, aux frais de Renée Germain, veuve de Guéhéry, sieur de Bourelière, qui fit don du tabernacle doré, encore existant.

L'ancienne cure était à droite de l'église.

On n'enterre plus dans le cimetière, qui, vendu nationalement à la Révolution, fut racheté en 1840 par les habitants, respectueux des restes de leurs morts.

Belle-Fontaine

Cette maison bourgeoise, située derrière l'église de Saint-Germain de Daumeray est un ancien logis modernisé. La porte en bois sculpté représente Adam et Eve cueillant la pomme. Dans le fronton en pierre ornementée un blason à croix ansée, chargée de quintefeuiles, est porté par deux lions rampants : au-dessus et derrière, dans un tuffeau, se lit la date 1570. Elle parait antérieure d'un demi siècle à ces sculptures. A une autre porte voisine, qui abrite une grossière statue avec arc et flèches, est inscrit le salut : Ave huic domui ! Depuis 1715, la famille Gorsse, est propriétaire. Le 24 février 1744, demoiselle Marie Gorsse, épouse M. Urbain Briand, marchand, dont la famille habitait dernièrement tantôt Angers, tantôt Durtal.

Doussé

Village de la commune de Daumeray, Doxiacus (1082). Doxeiacus (1104). Doxeium, Dosse (1208), abbaye de Doussé (1705-1709).

Antique chapelle dédiée à saint Etienne. L'édifice placé au milieu du village, forme un rectangle construit en petit appareil irrégulier, à pignon tronqué avec campanile à deux baies, dont une est bouchée. Le mur latéral sud est percé d'une haute et étroite fenêtre romane évasée. A l'intérieur, se voit dans la fenêtre du fond, une vieille et curieuse statue de vierge noire. Dès la fin du XIe siècle, s'y trouve établi prieur Hugo. Une charte de 1513 désigne ce lieu : Domus abbatialis de Dossey. Frère Olivier Boucher est dit déjà en 1460 gouverneur et administrateur pour les moines de Marmoutiers de la chapelle de Doussé. Un chapelain la desservit jusqu'à la Révolution ; aujourd'hui elle s'ouvre encore aux Rogations, et en temps de Pâques pour l'administration des sacrements aux vieillards et aux infirmes. — Cette chapelle est à peine entretenue. — Cette terre donna son nom du XIIe au XVIe siècle à la famille riche et puissante de Huet de la Chesnaie. En 1589, le château, assez fort, fut occupé par un parti de ligueurs, mais qui en furent chassés dès

le lendemain. Il devait déjà appartenir à François de
Sousson, qui épousa en 1595 Anne de Domaigné. On y
trouve ensuite le seigneur de Chivré (1618) ; en 1651,
Simon Pilloys, curé de Notre-Dame-du-Pé ; les Le Vacher
jusqu'à Jacques Le Vacher, écuyer, qui en 1707 y épouse
Mlle Marie-Louise d'Andigné de la Ragotière. Le seigneur
était en 1734, Ch.-Louis-Joseph-Alexandre de Canonville
de Raffetot.

Le Porage

Village en partie de Daumeray et d'Etriché
(Voir note sur Etriché).

Le Porage attend toujours sa station de Chemin de fer
d'Angers à Sablé.

La Roche-Jacquelin

Château, commune de Daumeray

Ancien fief avec château, qui devient à partir de 1762,
le manoir seigneurial de la paroisse de Saint-Germain-
sous-Daumeray. On croit qu'au XIIIe siècle il appartenait
à la famille Le Maire, qui le possédait encore à la fin
du XVIe siècle. Guillaume Le Maire, qui fut évêque
d'Angers, dut y naître, et y mourir en 1317. La chapelle
fut bâtie entre 1503 et 1506 sous le vocable de Saint-
Julien et de Saint-Claude, par Jean Lemaire et sa femme
Isabeau de Quatrebarbes. Leur fils resta prisonnier à la
bataille de Pavie en 1525. En 1521, leur fille avait épousé
René de Maulne.

En 1670, en est sieur Alexandre Le Maire, qui fut
inhumé aux Récollets de Chambiers, le 10 décembre
1677. Ensuite la terre passe en 1698 par donation des
Le Maire aux Bachelier et en 1715 à Gaspard-Claude
Bommier. Le fils de Gaspard, épousa en 1731, demoiselle Marie Hannequin de Fleurville ; et en 1733, il

vendit le château à Charles Richer de Neuville, époux de Marie-Françoise de Montplacé. L'acquéreur fit rebâtir le château. On y voit encore son portrait, avec plusieurs membres de la famille Lejeune. Quand il mourut sans enfants, le 5 mai 1766, il eut pour héritière sa sœur, mariée depuis 1730 avec François Lejeune de la Furjonnière. Leur fils François-Louis-Marin, né à La Flèche, en 1731, officier, chevalier de Saint-Louis, mari de Louise de Fitte de Soucy, mourut en 1817. Sa fille unique Adelaïde-Renée-Louise avait épousé en 1799 Eugène de la Bonninière, vicomte de Beaumont, dont le fils habita le château. Depuis lors, la famille de Blois héritière des de Beaumont possède cette terre. Là, se fit un massacre de trois cents vendéens en nivose an IV, par une troupe de Sans-Culottes venus de Châteauneuf. Le chapelain de la Roche-Jacquelin ne prêta pas serment, et il eut l'honneur d'être déporté en Espagne en la triste année 1792.

COMMUNES LIMITROPHES

Le Pé

Le Pé, Podium ou Le Puy tire son nom de sa position élevée au-dessus des bois du Grip et de la forêt de Malpaire. Là, prennent naissance plusieurs ruisseaux. Ce fut le théâtre des exploits du braconnier Rouget.

L'église est neuve et fort gracieuse. Elle n'a que les proportions d'une chapelle, vu la petitesse de la commune.

Le presbytère qui la touche est assez ancien. L'enclos est vaste : une grande cour de ferme précède la maison d'habitation et derrière s'étend un jardin remarquable par son site et par sa clôture en haies de vieux buis aussi profondes que hautes, deux mètres environ. Le fond du jardin, parallèle à la maison, est fermé par une charmille en buis hauts de trois à quatre mètres.

Le Pé fait partie du département de la Sarthe.

La Chapelle-d'Aligné

A neuf kilomètres au nord de Durtal on trouve le bourg de la Chapelle-d'Aligné, département de la Sarthe. Il est bâti sur une hauteur que domine l'église. Cette église a été reconstruite en partie dans les dernières années du XIX⁰ siècle par les soins de son curé M. Piron. La partie ancienne, qui se compose du transept et du sanctuaire, et qui remonte au XV⁰ siècle, avait elle-même remplacé l'église dépendante de celle de Gouis, au XI⁰ siècle. On monte au portail par un escalier abrupt de neuf marches. Sur le portail s'élève un joli clocher tout neuf, peuplé d'une harmonieuse sonnerie de quatre cloches, chantant mi, fa, sol, si. La nef avec ses fenêtres courtes n'a rien de remarquable. Le transept formé par deux chapelles carrées est éclairé comme le sanctuaire par des fenêtres de même style, les unes à deux baies et les autres à trois baies et deux meneaux. Toutes ces fenêtres sont garnies de vitraux, sortis d'un atelier du Mans. Le sanctuaire est élevé de quatre marches raides au-dessus de la nef. Il est de forme carrée, et garni sur les côtés de boiseries et de stalles. Au fond un grand rétable en marbre noir et blanc orne l'autel, et sépare le sanctuaire de la sacristie. Les voûtes sont en pierre avec arcs doubleaux cintrés.

Le cimetière est sur la route de Bazouges, assez éloigné. Plus éloigné encore, derrière le cimetière se trouve le presbytère provisoire, depuis que l'ancien presbytère du bourg a été confisqué pour en faire une école communale en 1906.

La ferme des *Alignés* était le lieu du fief, possédé successivement par les familles de la Roche, Petit Jean, des Rotrous, de Laval Bois-Dauphin. On y remarque une cheminée du XVIe siècle et une curieuse chapelle dont le rétable est du XVIe siècle.

Le *Sentier* est aussi une maison remarquable, située dans cette commune. Ses fenêtres, meneaux et lucarnes, sont de la renaissance L'ont possédée les familles Moreau, de Chante-Merle, Lefèvre, Boisgontier, de la Roussière, Mathefelon, Le Clerc des Emeraux, de la Ferronnays.

A *gauche* de la route de Bazouges, on voit les Gringuenières. Ce château, bâti avant l'an 1500, eut pour maîtres : René Le More son constructeur, puis les familles d'Artoys, de Thoris, de Bonnétat d'Estival, de Raphaëlix et Richard de Beauchamp.

Sur *la* route de Crosmières, à mi-chemin, on trouve le château de Vauguion. Autrefois on l'appelait La Cadorais, il remonte à 1523. Devenu propriétaire, M. de Vauguion fit reconstruire l'habitation, puis donna à ce château son nom de famille. De là, on jouit d'un beau coup d'œil sur l'Argance.

Dans la commune de La Chapelle, sur la route de Bazouges, on découvre à droite le château de Coulon, qui eut pour seigneurs Françoise Counain (1518), Marguerite de Counain (1580) ; aux xvii° et xviii° siècles la famille Gohory, puis la famille de Sapinaud au xix° siècle, enfin au xx° siècle M. Eon.

Bazouges-sur-Loir

Cette commune, qui comptait 1500 habitants en 1907, fait partie du département de la Sarthe, arrondissement de La Flèche ; elle est limitrophe de la commune de Durtal.

Avant la Révolution Bazouges appartenait à la province d'Anjou, élection de La Flèche ; elle ressortissait alors par moitié de La Flèche et de Baugé.

Le nom de Bazouges vient du mot latin Basilica ; ce qui permet de faire remonter son origine à l'occupation romaine. Le camp romain de Cré qui est tout proche confirme cette opinion. Toutefois, ce ne fut qu'au xi° siècle qu'on trouve des seigneurs de Bazouges possesseurs du fief.

Bazouges comme Durtal appartient d'abord à la famille de Champagne, puis à celle de la Suze. La dernière fille de la Suze épouse le protestant Jacques Montmorency, à la fin du xvi° siècle. Vient ensuite la famille de Durfort, également protestante. En 1634, les Durfort vendent la terre de Bazouges à Philippe de la Vairie, dont la veuve épouse en secondes noces Gédéon Lenfant qui, le 29 octobre 1685, après la révocation de l'Edit de Nantes, abjure dans l'église de Bazouges l'hérésie de Calvin. Ses descendants gardent Bazouges jusqu'en 1762, époque à laquelle ils le vendent à François Aumont. Après la Révolution, le fils d'Aumont revient habiter son château de Bazouges, où il meurt en 1808, laissant sa fille mariée à M. Le Louvier (M. de la Bouillerie).

Le château de Bazouges, qui date du XVIᵉ au XVIIᵉ siècle, est bien conservé. Vu du Pont-du-Loir, avec sa chapelle gothique et ses moulins, il présente un charmant spectacle. Ne dirait-on pas un manoir féérique, sortant des eaux courantes où il se baigne ? On y accède de la grande route par une large allée plantée d'arbres très vieux. Vers le milieu de cette allée commence la rue Basse, rue la plus ancienne du bourg, l'ancienne route de Durtal à La Flèche. Elle rejoint la rue actuelle devant la porte de l'église.

L'église est fort ancienne ; elle remonte au XII siècle ; on l'a agrandie et restaurée à plusieurs reprises. Aujourd'hui elle est classée parmi les monuments historiques, et dépend du ministre des Beaux-Arts.

Son portail est du XIIᵉ siècle, très orné de feuillages, de lions et d'animaux fantastiques. Un large perron composé d'environ sept à huit marches, taillé en demi cercle, le précède. La nef élargie au XVᵉ siècle est fort curieuse avec sa voûte en bois, formée de lames de bois fendu, non polies, mais peintes. Elle est divisée en vingt-six panneaux formés par des bordures couvre-joints. La partie médiane est ornée de fleurs et de feuillages et bordée d'un chevron courant. Au-dessous de ce chevron les panneaux sont occupés alternativement par des arbres, et par des Anges ou des Apôtres. Le tronc des arbres est caché en partie par une banderolle blanche sur laquelle on lit un article du *Credo*. Le milieu de la voûte est coupé par une suite d'écussons avec leurs blasons. Ces peintures du XVᵉ siècle et du XVIIIᵉ siècle n'ont pas toutes la même valeur, mais l'ensemble est très beau. Des bancs seigneuriaux renfermés dans les murs latéraux du sanctuaire, et s'ouvrant par derrière, ressemblent à de petites loges de prison avec leur grillage en bois. C'est peut-être commode, mais ce n'est pas décoratif, quoique fort original.

Le clocher consiste dans une tour avec deux grandes fenêtres en plein cintre sur chaque face. Cette tour était autrefois ornée d'une flèche que détruisit un furieux ouragan, le 18 novembre 1828. La toiture de la nef, ayant été relevée, cacha désormais une rangée inférieure de fenêtres du même style.

M. Joseph Le Royer, curé de Bazouges, en 1665, orna l'église, puis fonda une petite communauté, dépendante de Saint-Sulpice de Paris, qui devint la mère du grand séminaire d'Angers. Une école de Bazouges, fondée par M. Gallard, s'unit à celles de La Flèche et d'Angers, et devint malheureusement une pépinière de jansénistes.

M. l'abbé Ménard, ancien vicaire de Bazouges, avait été pendant la Révolution expulsé par le prêtre constitutionnel de Bazouges ; mais, l'orage de la persécution étant passé, il y revint en 1801, en qualité de curé légitime.

La rue Juive, qui passe derrière le chevet de l'église, relie la grande rue neuve avec la rue basse. C'est là qu'était le poteau de justice de la seigneurie. Le Quinconce, planté entre la grande rue et le flanc gauche de l'église, se trouve sur l'emplacement du vieux cimetière.

La tour angulaire, située à gauche de l'entrée de l'église, était, avec la maison attenante, la maison du Pilori

Tout à l'ouest du bourg, du côté de Durtal, se trouve une autre place au bout de laquelle est le petit cimetière désaffecté. Le nouveau cimetière, sur la route de La Flèche, fut aussi abandonné après quelques années à cause des infiltrations d'eaux descendant du coteau. Enfin, un troisième fut établi naguère à mi-côte, à plus d'un kilomètre du bourg, vers Durtal, mais sans un succès complet d'assainissement.

La Mairie et le Presbytère sont sur la place de l'Ouest. Le Presbytère date du xve et du xvie siècles. La Mairie est récente.

CAMPAGNE DE BAZOUGES-SUR-LOIR

Dans la campagne il faut remarquer plusieurs endroits intéressants. Ce sont les châteaux de la Barbée, de la Masselière, de la Fontaine, d'Ambrières, de Marigné, de la Motte et du prieuré d'Echeneau.

La Barbée

Le premier château était dans l'île sur le Loir. Il fut reconstruit au xvie siècle sur la rive gauche par François Dureil. Cet édifice fut démoli en 1810, et le château actuel fut bâti sur la rive droite du Loir.

La baronnie de la Barbée comportait le fief de la Grande-Barbée. Ce fief, composé de la Garde-Chamaillard et de la Roche de la Barbée, était tenu de la baronnie de La Flèche ; tandis que la Petite Barbée, l'Ile et les Moulins, formaient la tenue de Durtal

En furent seigneurs : Isabelle de Bourbon en 1364 ; puis Jean de Bourbon. En 1379, ce fut Guillaume Poinceau ; en 1408, Jeanne de Soucelle ; en 1439, Jean de Clefs. De 1453 à 1478, Raoullette de Montalais ; en 1488, Ambroise de Clefs. Ensuite, ce fut la famille de Dureil (1489). L'un d'eux Jean Dureil dispute à Beaudoin de Champagne, seigneur de Bazouges, la seigneurie de la paroisse (1527), ouvrant ainsi une querelle qui dura près de trois cents ans. Geoffroy de Dureil parvint à se soustraire à la suzeraineté de La Flèche, au profit de Durtal, en donnant de plus en plus d'importance à la Petite-Barbée, qui en relevait.

Aux Dureil succède la famille Le Ferron (1609). En 1627, Mathurin Le Ferron reprit les prétentions de ses prédécesseurs, et fort de l'amitié de Roger du Plessis-Liancourt, comte de Durtal, il profita de ce que les seigneurs de Bazouges étaient protestants et absents pour prendre le titre de seigneur de la paroisse et fondateur de l'église. C'était en 1645.

La Barbée ne resta pas longtemps aux mains de la famille Le Bigot qui étaient les neveux et nièces de Mathurin Le Ferron ; elle devint la propriété de Guillaume-Gilles de la Bérardière. Son fils Marin fit ériger la Barbée en Baronnie en 1752 et reprit de nouveau le différend que le Parlement trancha tant bien que mal en cette année. La famille Aumont de Bazouges allait d'ailleurs recommencer les hostilités contre Claude-Marin. En 1776, le Parlement rendait un nouvel arrêt, qui n'aurait satisfait personne ; mais la Révolution survint qui dispersa et dépouilla les plaideurs.

Claude-Marin-Gilles de la Bérardière mourut en 1804, laissant un fils, qui vendit La Barbée à François, comte de la Bouillerie. M. le comte de la Serre, époux de Mlle de la Bouillerie, est présentement le propriétaire de La Barbée.

La Masselière

Cette terre et ce château, qui appartenaient en 1418 à la famille Le Masson, passèrent en 1545 à Nicolas de la Chesnaie, puis à Pierre et à François Dumesnil. En 1620, Charles Davoust en devint possesseur. Une de ses descendantes se maria en 1752 à Pierre de la Rue du Can. Par suite d'une alliance avec Mlle de la Rue du Can en 1773, la Masselière passa alors à la famille Royer de la Motte. M. de la Motte la vendit au XIXe siècle à M. Desvignes. Après la mort de ce dernier, Mme de Montreuil en hérita. Le château a dans son beau parc une magnifique chapelle moderne.

Bois-Moreau

C'était un ancien fief, appartenant en 1442 à la famille Le Maréchal, ensuite à la famille Lenfant par suite d'alliance (1578). Il fut acheté en 1720 par Damien Fontaine avec la seigneurie de Bazouges. Il en reste aujourd'hui un fort beau logis transformé en ferme, avec douves, murs d'enceinte, et une tour qui tombe en ruines.

La Boisardière

Après avoir quitté le bourg en traversant le passage à niveau du Chemin de fer, on trouve une belle avenue avec un rond-point sur lequel s'ouvrent à droite et à gauche les grilles de la belle propriété de la Boisardière, appartenant à Mme Bouché.

Fontaine

Le fief de Fontaine, réuni à celui de la Paulmerie par Jacques Gaultier, président au siège présidial de La Flèche qui l'acheta en 1578 de Louis de Champagne, fut érigé en châtellenie en 1582. La famille Gaultier, dont un de ses membres devait acheter en 1737 au duc de Richelieu la seigneurie de Clefs, vendit cette châtellenie en 1767 à Auguste-Pierre Pihéry, seigneur de Lorme, conseiller au présidial de La Flèche. Elle appartient aujourd'hui à la famille Gautier; il y a beaucoup d'eau, venant des hauteurs, et formant ruisseaux et douves.

Ambrière

Après Fontaine et tout à côté se trouve Ambrière, ancien fief dont furent seigneurs noble dame de Montallays en 1445 ; Jean de Fontaine en 1502; Simon de Crespy 1637 à 1666 ; Christophe Davy des Roches, conseiller à La Flèche en 1718. La propriété dans le XIX⁰ siècle a appartenu à la famille d'Ambrière, puis à Mme veuve Letellier, ensuite à sa fille et aujourd'hui à M. Octave Morry.

Marigné

Appartient en 1537 à René Le Masson, seigneur de la Masselière, ensuite de 1564 à 1637 à la famille du Bouchet ; puis à la famille le Ferron, et au xviiiᵉ siècle, le fief fut réuni à Fontaine. Elle appartient en 1908 à la famille de la Haugrenière.

La Bâte d'Echeneau

Cet ancien prieuré, fondé en 1354 par Girard de Bouju, fut donné à l'abbaye de Mélinais avec les vignes qui l'entouraient Le prieur eut un long procès au cours du xviᵉ siècle, au sujet des droits féodaux avec le seigneur de Bazouges, propriétaire du fief, depuis 1421. L'Echeneau fit partie de la dotation du collège de La Flèche avec l'abbaye de Mélinais en 1607, et les moines furent remplacés par les Pères Jésuites qui en firent une maison de convalescents. Cette ancienne abbaye est actuellement un château à l'extrême confin du département de la Sarthe, dont l'avenue même est en Maine-et-Loire sur la commune de Clefs.

En Bazouges se trouvaient aussi, outre les chapelles du château appelée aussi la Grande-Chapelle et de la Barbée, celles de Marigné (1326), de Saint-Jean-Baptiste ou de la Grange, du Chêne, de Fontaine, de Saint-Jacques (1583), de la Sigonnière (1646), de la Vieillière (1645), de la Renouardière.

Il y avait aussi sur Bazouges trois prieurés : Le Creux (1083), L'Echeneau 1354, mentionné ci-dessus, et les Trois-Croix. Ce bénéfice fondé en faveur d'un religieux de Mélinais, par Thomasse de Monthallays, en 1406, était situé sur la route de Verron, à la sortie de Bazouges.

Cheviré-le-Rouge

Cette commune du canton de Baugé, mais limitrophe de Durtal, s'appelait Chiviriacus (1077), Chevireyum Rubeum (1333), Cheviré ou Chauviré (1701).

Cheviré-le-Roncier ou le Rouge, ou le Rouget, est en effet situé sur un territoire qui, de Baugé à Durtal par Chambiers, ou de Baugé à La Flèche par Clefs, n'était autrefois qu'un pays de bois, de ronces et de landes. C'est peut-être à tort que plusieurs ont prétendu que le surnom de Rouge est dû à ce que la chapelle Sainte-Catherine voisine du bourg, appartenait à un sieur Rogé ou Rouget. — On pouvait alors appliquer à Cheviré le dicton angevin, auquel Baugé donna lieu et pour la même cause, à savoir que le pays ne rapportait que misère, on disait volontiers pour ne pas payer ses dettes : « Je vous baille (donne) ma rente de Baugé, c'est-à-dire, rien du tout. »

La commune de Cheviré touche à celle de Durtal par quelques champs dans la forêt de Chambiers, assez pour qu'elle en soit limitrophe. »

Sa superficie est de 3.781 hectares, dont 680 hectares en bois

Sa population de 1.741 habitants en 1831 n'est plus que de 1.450 habitants en 1907.

La Mairie en 1827 s'installa dans une maison voisine de l'église, dans un pauvre logis appelé la Vicairie, où habitait le vicaire. Sous le second empire elle fut rebâtie au même lieu, servant tout ensemble d'école communale des garçons et de Mairie.

L'église, dont la nef du xie siècle menaçait ruine, fut, pour cette partie, reconstruite peu avant 1861, dans le style du xive siècle. Le chœur, de style plantagenet, a une voûte remarquable par son élégance, ses arcs entrecoupés, ses clefs avec figurines, et enfin son épaisseur. L'ensemble forme une croix latine. Les fenêtres des pignons de la façade et du transept sont à deux baies, et les autres à une seule en lancette ; elles sont ornées de beaux vitraux sortis des ateliers de Thierry d'Angers. Les teintes foncées rendent l'édifice un peu trop sombre. Les bancs uniformes, sauf deux du transept qui sont plus beaux et à dossier plus haut, ont été exécutés en 1863 par l'école des Arts et Métiers d'Angers. Les boiseries du chœur sont sorties quelques années plus tard des mêmes ateliers.

Tous ces travaux de reconstruction et de décoration sont dûs à la générosité de Mlle Joséphine Grimault, nièce de M. Jubin, ancien curé de la paroisse. De son vivant, et même après sa mort, elle fut la providence de Cheviré. Son nom mérite d'être conservé.

Le sol de l'église est de très longue date fouillé par des souterrains entrecroisés et par des éboulements sans issue.

Le clocher sur la gauche du chœur est de deux époques bien distinctes. La base en est carrée, de construction massive et grossière, avec porte basse refaite à plusieurs reprises, surmontée d'une antique et étroite fenêtre romane sans ornementation. Au-dessus, en retrait, se trouve une seconde fenêtre plus allongée ; au-dessus encore deux ordres, chacun de deux fenêtres plein cintre superposées. Celles de l'étage supérieur sont bordées de cinq à six rangs d'arcatures du xiie siècle tandis que l'étage inférieur est du siècle précédent. Intérieurement et au rez-de-chaussée, le clocher forme une chapelle, qui appartenait à la famille de Morant. Trois belles cloches ornent et animent ce vieux clocher.

La seigneurie de la paroisse, jusqu'au milieu du xviie siècle, appartint au seigneur de Jarzé. En 1788, M. de la Girouardière, sieur de Moulines, en partage les droits avec le marquis des Cars de Saint-Ibars.

Le cimetière contient plusieurs chapelles sépulcrales, celle de Saint-Louis et Saint-René, fondée en 1534, par l'abbé Louis de Crochard, sieur de Vaux, et qui fut vendue nationalement à la Révolution de 1792. C'est l'enfeu des familles de Crochard, du Chêne et de Kermel. Une autre chapelle appartient à la famille de la Bouillerie, propriétaire de la Roche-Huc. Là aussi se trouve un caveau pour la famille Fairé, propriétaire d'Aupignelle.

La cure de Cheviré était jadis à la présentation de l'abbaye de Vendôme à qui appartenait le Prieuré, attenant par le sud-ouest à l'église.

Depuis M. Fournier, curé en 1308, la liste compte jusqu'à M. Louis Proutière en 1908 vingt-quatre noms. L'un d'eux fut de 1549 à 1592 M. Hardouin de Domaigné. Le 31 mai 1754, M. Joseph Prestreau avait fait bâtir à ses frais le presbytère actuel, « envers et contre les opposants du village ». En septembre 1780, M. Maurice-Vincent Jubin, ancien vicaire à la Cathédrale, succéda à M. Prestreau, mort de chagrin, à la suite de calomnies aussi haineuses que fausses. — En 1792, M. Jubin crut pouvoir prêter serment à la constitution schismatique forgée par le gouvernement révolutionnaire. Mais bientôt, reconnaissant son tort, il se rétracta. Dénoncé et arrêté, on le renferma au Château d'Angers. Il dut sa liberté aux conventionnels Renou et Talot. Rentré à Cheviré, il eut encore à subir des persécutions de ces brigands, appelés chouans, qui n'avaient rien de commun avec les Vendéens, mais sous ce nom ravageaient la Sarthe et le Baugeois. Il faillit être assassiné par une bande de ces voleurs dans le Prieuré où il se cachait. Sa vaillante domestique le sauva au péril de sa vie. M. Bidault, propriétaire du Prieuré et maire de Cheviré, apeuré ne trouve rien de mieux pour sauver M. Jubin que de crier : « Si vous voulez le tuer, du moins ne le tuez pas chez moi. » — M. Jubin avait racheté de ses deniers le presbytère, vendu nationalement. Quand il mourut, il eut pour successeur son vicaire (novembre 1827) : M. François Ménard jeune alors. Ce digne prêtre fut jusqu'à sa mort (décembre 1872), le modèle d'un curé parfait, aussi pieux que zélé et charitable, remarquable par son talent de prédicateur, enfin homme éclairé et d'une distinction peu commune. M. Ménard fut enterré dans la chapelle Saint-Joseph, bâtie par lui et par Mlle Grimault, derrière la mairie et l'école des filles, tenue par des religieuses d'Evron.

A l'époque où vivait M. Ménard les communications étaient loin d'être faciles. En 1830 étant tombé malade, M. Ménard voulut se faire soigner à l'hôpital de Baugé. Mme des Cars mit à sa disposition sa bonne calèche traînée par deux bœufs. Il fallut huit heures pour franchir les huit kilomètres qui séparent Cheviré de Baugé.

C'était dans ce même équipage que Mme des Cars se rendant à Paris se faisait conduire de Cheviré à Durtal. A Durtal elle remplaçait ses bœufs par des chevaux de relais.

Nous avons tenu à consigner ces faits qui paraîtront invraisemblables à nos contemporains, maintenant que les moyens de locomotion sont si variés et si rapides.

Aupignelle

Ce nom a le même sens que Hautlieu, vu sa situation.

En 1630, la terre appartenait à Marguerite d'Aupignelle, femme de Guyon de Domaigné, seigneur de la Roche-Hue. Celui-ci eut pour héritier son oncle Liénart de la Roche, en 1370. — En 1456, la terre passa à Jean de Périers ; et, onze ans plus tard, en 1468, à noble homme Guillaume de Lore, chevalier, par sa femme Jeanne d'Aulnières ; en 1502, à Ambroise de Périers. — De 1590 à 1600, Nicole de Périers, veuve d'Urbain du Fresne, lieutenant des gardes, était dame d'Aupignelle. — Eléonore du Fresne, femme de Philippe Girard de Charnacé, abandonna, en 1676, tout le domaine aux créanciers de son mari.

L'Hôtel Dieu d'Angers l'acquit en 1687. Pendant la Révolution française, le 27 prairial, an III, Aupignelle fut acquis par M. Farran d'Angers. Aujourd'hui il appartient à la famille de M. Fairé, avocat à Angers. Il reste peu de chose du manoir primitif, plusieurs fois transformé. On y voit pourtant une grande cheminée en pierre du XVe siècle. D'une chapelle du XVIe siècle dédiée à Saint-Nicolas, il restait encore en 1878, trois pans de murs, et une partie de la charpente avec tirants sculptés.

A Cheviré naît un petit ruisseau de 1.760 mètres de cours, du nom d'Aupignelle. Il se jette dans le ruisseau de la fontaine du Grès.

La Crochardière

Ancienne seigneurie relevant de Jarzé et appartenant dès le XVe siècle à la famille de Crochard.

En 1567, Simon Crochard, écuyer, fils de Jeanne de Costardière, en est le seigneur. En 1861, le propriétaire était M. Alexandre Mabille du Chêne, mari de demoiselle de Crochard, dont le père, maire de Cheviré, véritable bibliothèque vivante, tant vaste et sûre était sa mémoire, laissa un recueil de poésies inédites. L'ancien château, pendant longtemps inhabité et inhabitable, fut remplacé vers 1850, par un édifice moderne dans le goût italien, n'ayant qu'un étage. On y conserve divers tableaux de famille, représentant des personnages connus pour la plupart ; M. Armand du Chêne, époux de Mlle de Boussineau, en est propriétaire (1908).

Beauvais

On disait Bellum videre (1040), Beauvoir ou Beauvoys (1514), suivant la transformation du langage populaire au cours des siècles. Beauvais, ferme et moulin, près de Moulines. On écrivait 1452 : « La terre de Beauvoys, hostel, domaines, moulins, étangs, vergiers, boys, etc. » en 1544, « deux moulins à bled avec les étangs. » Les moulins et les bâtiments dépendaient du fief de Beauvoys, acquis du sieur de la Roussière (1452), par le seigneur de Chemens, et réunis au fief de Moulines. Au fond de la cour subsistent les restes d'un ancien petit temple protestant, servant d'écurie. Une petite construction appelée le Prêche, en est un souvenir.

Moulines

Château et ferme de Molines, commune de Cheviré, route de Baugé. Ancien fief et seigneurie, tenu à hommage lige de Durtal, et à *six fois simples* de Jarzé, ou des fiefs annexes. La famille du nom s'éteint avec Fouquet de Moulines, dont la veuve Jacquine de Curzaine, remariée à Simon Pecquaine, passe accord avec l'héritier direct Huet de Croullon en 1330. — En 1408, Jean de Croullon vend la terre à Geoffroy de Chemens, de qui hérite Geoffroy de Chemens, mari de Marthe de Baïf, qui fonda le 17 août 1513 la chapelle seigneuriale en l'honneur de Notre-Dame et de saint Jean l'évangéliste. A cette époque, la maison n'est encore qu'un simple manoir avec cour, grange, colombier, vignes, prés, moulins à blé, mais sans défenses de guerre. — Cette maison passa dans la succession des de Chemens à la famille de Dureil. En 1540, à Jean Dureil, époux de Françoise de Thouars. — En 1602, à Geoffroy de Dureil. En 1610, à Gédéon de Thianges ; en 1676, à Philippe de Thianges, sur les héritiers duquel la terre est saisie judiciairement en 1671. Dès 1667, Françoise de Mogas, femme, non commune en biens, d'Armand de Broc, est qualifiée de dame de Moulines. Elle meurt dans ce château le 10 novembre 1721, âgée de plus de 91 ans. — Après elle et jusqu'à nos jours la famille de Broc possède Moulines. Le 25 avril 1739, l'abbé Ambroise de Broc y marie dans la chapelle Anne-Suzanne-Henriette-Victoire de Broc avec René-Charles-Hyacinthe de Hardouin, chevalier, seigneur de la Girouardière. Dès lors, le domaine, propriété des de Broc, a appartenu à la famille de la Girouardière. Renée-Félix d'Hardouin de la Girouardière, fille des précédents, fut la célèbre fondatrice des incurables de Baugé. Elle traversa avec mille peines les mauvais jours de la Révolution ; elle dota sa communauté de l'incomparable relique de la vraie Croix — Elle mourut en 1827, 10 décembre. Sa sœur, Hyacinthe-Suzanne, épouse Alexandre-Louis-Michel, marquis de Broc et de la Ville-au-Fourier. De leurs quatre fils, il n'y eut aucune postérité. En 1835, M. Alexandre d'Hardouin, comte de la Girouardière, époux de Mlle de Morant, eut en partage le château et la terre de Moulines et l'usufruit de sa fortune. A la mort de Mlle de Morant, comtesse de la Girouardière en 1879, la terre de Moulines fut alors partagée entre les enfants de Broc. La fille du marquis de Broc, mariée à M. Henry Jarret de la Mairie, eut le château de Moulines avec une partie du domaine et des bois. Les autres enfants de Broc eurent chacun une équivalence dans les partages nécessités entre collatéraux.

Le château était inhabité depuis quatre-vingts ans, sauf à de rares intervalles : M. Henri Jarret de la Mairie, capitaine d'infanterie démissionnaire, marié à Mlle de la Motte, laissa à sa mort la propriété à son fils Henri, ancien officier de cavalerie. Celui-ci épousa la fille du marquis de Broc. Aujourd'hui le château habité a été modifié et réduit de moitié. La vieille chapelle a été démolie, de même que le principal corps du logis. Une seule aile restaurée est habitable.

La cour intérieure, fermée d'un côté par une ancienne poterne, et de l'autre par la terre du coteau subsiste encore à l'extrémité de la cour d'honneur, entourée de douves. La Vieille-Fuie ou Colombier est debout. La large terrasse était flanquée à un bout d'un petit logis à tourelles ; le bâtiment a été rasé. C'est à peine s'il existe encore la moitié de l'ancien château. Les douves sont en partie conservées

Le ruisseau, qui traverse le domaine, naît près des Miesses, traverse ensuite la commune d'Echemiré et se jette dans le ruisseau de Jarzé ou de la Rochette.

La Lande d'Esvière

Moulin dans une lande de Cheviré, renommée par les grès de son sous-sol, difficiles à travailler, mais d'un grain fin et très dur. Ce lieu dépendait du prieuré de l'Esvière d'Angers, et relevait de l'abbaye de Vendôme.

Langottière

Ancien logis du xviie siècle. — Il n'en reste que la source dite Fontaine de Langottière, qui sert de lavoir public ; son eau va se jeter dans le ruisseau du Pouillé, pour arriver au Loir sous Durtal.

La Roche-Hue

Ancien fief et seigneurie qui donna son nom jusqu'au milieu du xive siècle à une famille de Chevalerie.

Goujon de Domaigné en hérita par son mariage, le 26 décembre 1365, avec Marguerite de la Roche-Hue ; et après lui, jusqu'au milieu du xviiie siècle, sa descendance y résida. Leur écusson porte : d'argent fretté de gueules de six pièces. — Le seigneur prenait le titre de fondateur de l'église paroissiale, et avait banc et enfeu dans le chœur. — A la suite de querelles et de longs procès contre le seigneur de Jarzé, son suzerain, qui réclamait l'usage de ses droits, le jeune fils de Pierre de Domaigné se fit tuer follement en duel à Paris, au Pré-aux-Clercs, par François du Plessis, le 25 juillet 1625.

Est sieur de la Roche-Hue, en 1787, Jean-Baptiste-Louis de Domaigné, mari de Madeleine-Aimée Martineau ; et en même temps, par alliance sans doute, Louis-Michel-René de Pérusse, marquis des Cars de Saint-Ibars, ancien capitaine de cavalerie. Etait de cette famille Mme des Cars, chanoinesse de Sainte-Croix de Poitiers, propriétaire du château après la Révolution, qui mourut, vers 1830. La Roche-Hue fut vendue à M. le comte Joseph de la Bouillerie de Crosmières vers 1862. Le vieux château tombait en ruines : M. Joseph de la Bouillerie le remplaça avantageusement par un château magnifique, bâti sur l'emplacement de l'ancien, au milieu de terres converties en parc, avec vue sur le village, la forêt de Chambiers et Jarzé. L'architecte Bibard d'Angers se distingua dans ce beau et grand travail, achevé en 1875. L'ancienne chapelle, petit pavillon carré posté à l'angle sud-est de la terrasse a été conservée provisoirement. A

la mort si regrettable de son père, son plus jeune fils
M. Pierre de la Bouillerie, ancien officier de cavalerie
hérita du domaine. Il mourut maire de Cheviré en 1905
La terre reste à sa veuve Mme de la Bouillerie, elle aussi
bienfaitrice de Cheviré.

Bois-Bineteau

Ancienne terre seigneuriale, dont le manoir sert d'habitation au fermier. Il forme trois corps de bâtiments
accouplés, dont un gros pavillon à toit en cône tronqué
et tourillon pour l'escalier, un petit logis central à croisées
couronnées de lambels (XVIe siècle) et un bâtiment du
XVIIIe siècle. Dans la cour se trouve la fuie. On dit que
les seigneurs de Bois-Bineteau et de Moulines étaient
toujours en guerre. Cette guerre n'était pas toujours
terrible ; ainsi celui des deux, qui pouvait offrir le
meilleur dîner, avait le droit de traverser le salon de
l'autre avec sa meute. Jusqu'au milieu du XVIIe siècle,
Bois-Bineteau appartenait à la famille Bineteau, alliée
aux de Pierre et de Domaigné, et qui portait pour armes :
« De gueules à deux fasces d'argent, chargées chacune
de deux cannelets de gueules. » — Cette terre passa par
le mariage de Catherine Bineteau (22 août 1632) à
Charles d'Héliand. En 1713, le 11 novembre, Gilles-René
de la Roussardière la vendit aux hospitalières de Baugé
avec les métairies de la Cour de Rigné et de Patriau ;
mais Charles de Broc en opéra le retrait féodal, comme
cessionnaire des droits de sa mère, en avril 1717. En
1790, en est sieur Louis-François-René-Alexandre-
Philbert Hardouin de la Girouardière. Le domaine avait
été réuni à celui de Moulines en 1750, et dès lors l'habitation fut délaissée.

Mons

*Herbergamentum de Montibus (1308). — Monds (Pouillé
de 1685). — Les Mues (Cassini).*

Ancien domaine d'une Chapellenie du titre de Sainte-
Marguerite, dont le service fut réuni en 1746 à celle de
Moulines. Vendu nationalement, le 27 mai 1791.

Lézigné

Canton de Seiches, commune limitrophe de Durtal,
à cinq kilomètres, en 1043 Liciniacus, en 1082 Lesci-
niacus, en 1292 Villa de Lezigniaco. Sur la crête et le
long des pentes qui bordent la rive gauche du Loir, vis-
à-vis de Huillé. Lézigné est limité au nord et à l'est par
Durtal, au sud par Seiches et la chapelle Saint-Laud, au
nord et à l'ouest par le Loir. La superficie de la commune
est de 931 hectares, et sa population de 480 habitants ;
une des principales récoltes est celle de bons vins blancs ;
pommes de terre et blé.

Le fief parait avoir appartenu de tout temps au
seigneur de Mathefelon et de Durtal. Le sieur Jean de
Champagne en est le maitre en 1404. François de la
Jaille avait la terre en 1530. Il fut inhumé dans l'église
de Lézigné, le 2 novembre 1540. Ce fief, aliéné au prince
de Guémené en Bretagne par Honorat et Claude de la
Jaille, fut revendiqué par François de Scépeaux, maréchal de Vieilleville, qui obtint du Roi, en 1557 et 1559,
des lettres incorporant à son comté Lézigné avec les fiefs
de Prignes et de Baracé. Des lettres royaux du 19 décembre 1431 avaient déjà confirmé aux habitants l'exemption
de tout service de garde, que leur réclamaient les officiers
du château de Baugé. Autrefois, avant la Révolution, la
paroisse dépendait de l'archiprêtré de La Flèche. Elle
dépend depuis du canton et doyenné de Seiches.

L'église est dédiée à saint Jean-Baptiste, et elle date du xiiᵉ siècle. Plusieurs fois restaurée, elle n'a presque plus rien de son cachet primitif. A droite, dans une chapelle avec fenêtre tréflée du xivᵉ siècle, consacrée à la sainte Vierge, on remarque une fine et gracieuse Annonciation du xviiiᵉ siècle, mais détériorée. — On voit à gauche un arceau demi-plein, avec une statue de saint Sébastien. — Sur le fond du chœur, voûté en berceau plâtré, s'élève au centre un groupe représentant le Baptême du Christ. Ce groupe a sept figures debout : C'est une œuvre curieuse et de quelque valeur, malgré son enveloppe de badigeon.

A l'extérieur, à gauche du pignon, attient le portail du Prieuré. Mᵐᵉ Gain a légué ce domaine à la commune, à la charge pour celle-ci de le transformer en école de filles, tenue par des religieuses, et de changer les servitudes et la ferme en logis pour les pauvres ; enfin, d'attribuer aux nécessiteux les récoltes de l'enclos.

Avant le xixᵉ siècle, la route d'Angers au Mans n'était qu'une voie longeant de plus près qu'aujourd'hui les rives du Loir, et elle traversait le bourg par des rues bien étroites. Par cette route passa saint Vincent-de-Paul venant de Durtal ; il demeura à Lézigné un jour et une nuit, prêchant les enfants qui venaient le voir. En 1565, le 9 novembre, Charles IX, se rendant à Durtal, y dîna.

Est-ce un seigneur de Lézigné qui a donné son nom de Lezin à cette localité ? Ou ne serait-ce pas plutôt saint Lezin, évêque et gouverneur de l'Anjou de 592 à 608 ?

Château de La Motte-Crouillon

Ce château de la commune de Lézigné est bâti sur la route d'Angers au Mans.

Ancien fief et seigneurie avec château fort, entouré de

douves, construit par la famille Crouillon, qui le possédait au xvi⁰ siècle, et dont il a gardé le nom. En 1622, Jean Crouillon, sieur de la Motte, fut inhumé dans l'église Saint-Loup-du-Maine. Sa veuve Marie de Moulines fut inhumée dans l'enfeu ordinaire des seigneurs, sous leur banc de l'église de Lézigné. En 1628, Charles de Crouillon vendit la terre au comte de Durtal. Au xviii⁰ siècle, le château n'était plus qu'une ruine informe, dont les seigneurs de Durtal donnèrent à cens l'emplacement à Jean Pion, année 1770. Aujourd'hui le château a été reconstruit par son acquéreur M. Roujou, sous la direction de M. Fouyolle, habile architecte de Château-Gontier. Le plan en est très original. Les héritiers Boré sont tous morts récemment.

La Chapelle Saint-Laud

Cette commune du canton de Seiches est située entre Lézigné au nord, Seiches à l'ouest, Durtal et Beauvau à l'est, et Marcé au sud. En 1320, on disait : La parœsse de la Chapelle-Saint-Lo. Sa superficie est de 1063 hectares, et sa population de 460 habitants.

Le bourg paroissial, qui dénomme la commune, s'élève à l'écart, perdu sur la cime d'un coteau (85 mètres). Il est relié au bourg principal, Bourgneuf, bâti sur la route nationale d'Angers à Durtal, par un chemin d'intérêt commun de Baracé à Beauvau. Aucun ruisseau ne traverse la commune. Outre ces centres, notons les châteaux de la Bouchetière, de Belle-Vue, de Bois-Grollier. La plus grande partie du sol est couverte de bois. Avant l'an 1600, tout le territoire n'était qu'une forêt inhabitée ; le comte Foulques le-Réchin le donna aux moines de Saint-Laud d'Angers, pour le défricher, y bâtir des maisons, et le civiliser.

La paroisse faisait partie du comté de Durtal, et

n'avait pas d'autre seigneur. Avant la Révolution elle dépendait de l'archiprétré du Lude et du district de Baugé.

Le presbytère actuel a été bâti en 1828-1829 sur un terrain acquis par la commune.

L'église, dédiée à Notre-Dame, s'élève au vieux bourg, tandis qu'au Bourgneuf sont la mairie et les écoles. — La façade, formée par la masse carrée du clocher sans flèche et en partie moderne, comme l'indique la date de 1771, , inscrite dans un cartouche, s'ouvre par une porte ogivale à double voussure en retrait. Le porche intérieur forme une voûte entrecroisée de deux tores plein-cintre. Un très bas arceau roman donne entrée dans la nef complètement moderne. Ni transept, ni chapelles ; rien de remarquable. — A l'extérieur, entre les contreforts qui soutiennent les murs, apparaissent les antiques et étroites baies romanes, condamnées, sauf deux, dont une vers le sud.

Le dernier curé avant la Révolution, M. Louis Lancelot, vicaire du Bourgneuf, depuis 1774, nommé curé en 1780, 29 août, reste dans sa paroisse jusqu'au 25 mai 1791. Son vicaire, Auguste Brice, ayant prêté le serment constitutionnel, ne craignit pas de lui succéder du 4 août 1791 au 14 novembre 1792, signant : Officier public. M. Lancelot fut déporté en Espagne, en septembre 1792, puis revint plus tard reprendre sa cure. Il y mourut le 8 mai 1820, âgé de 73 ans. Sa tombe se voit dans le cimetière avec cette épitaphe bien méritée :

> « Ci-gît un bon Pasteur, qui toujours fit le bien,
> « Reçut peu, donna tout, et ne demanda rien. »

Une école était tenue en 1697, par M. Pascal Leduc, prêtre.

Le Bourgneuf

Le Bourgneuf est la partie agglomérée la plus nombreuse et la plus abordable de la commune de la Chapelle-Saint-Laud. Ce groupe compte environ 240 habitants. Autrefois, c'est-à-dire avant la création du Chemin de fer de La Flèche à Angers, le transit par le Bourgneuf était considérable. Par là, passaient des voitures publiques, les charriots pour les divers transports, des troupeaux de bœufs, etc. Tout à disparu, et ce village a perdu son importance commerciale d'il y a cinquante ans. Le Chemin de fer un peu éloigné ne la lui rendra pas.

La Bouchetière

La Bouchetière, ou comme on disait en 1700 La Bouchetterie, est un ancien château avec une tour à chaque angle et douves pleines. Ce fief existait avant 1539. Charles Bouchetière était sieur d'Auversette, en 1602. — En 1632, François d'Anthenaise. — Olivier du Fresne, docteur et professeur en droit à l'Université d'Angers, dont la fille Françoise apporte la terre en dot, le 2 février 1637, à Pierre Ayrault, conseiller du parlement de Bretagne. — Raoul Chalopin acquiert la Bouchetière en épousant Antoinette du Fresne, l'an 1647 ; Enfin, René de Montigny en 1705 en est maître. Il était capitaine des chasses du comté de Durtal. Il fut en 1700, 12 avril, le parrain d'une des cloches de Lézigné.

Bellevue

Château et ferme de la Chapelle-Saint-Laud s'appelait souvent aussi *Bel-Air*. Le château fut construit par la comtesse de Balbie, agrandi et remanié par Louis-Auguste Gaultier, qui s'y ruina dans des embellissements déraisonnables. On a formé avec des pierres accumulées, tirées de profonds défrichements, une butte factice soutenue à l'extérieur par un revêtement, avec trois tours dont deux grosses flanquent une porte en plein-cintre ; il en résulte un couloir qui conduit à une esplanade supérieure. De là on domine tout le pays, vers le sud ; à l'opposé et de loin, on croirait voir les ruines d'un vieux castel. La route du Bourgneuf à la Chapelle-Saint-Laud passe derrière le Monticule, qu'un pont relie à la propriété. Cet important domaine fut acquis de M. Farran par M. Chartier. Non compris le château, les jardins, le parc et les taillis, il compte soixante-deux hectares. M. Chartier est actuellement propriétaire de Bellevue et de la Bouchetière.

PERSONNAGES REMARQUABLES

DU CANTON

Guillaume Le Maire

Ce célèbre évêque d'Angers, successeur de Nicolas Gellent, est né dans le canton de Durtal, à Baracé croit-on, mais plus probablement à Daumeray, dans le château de La Roche-Jacquelin, que possédait encore au xviie siècle la famille Le Maire. Lui-même déclare être angevin de naissance, et être resté sept ans commensal de l'évêque, son prédécesseur, Nic Gellant (*sic*). Il fut régent à l'Université d'Angers et mérita par son enseignement les titres de chanoine de Saint-Maurice, de doyen de Craon, et de chapelain de son évêque. Le Chapitre de Saint-Maurice l'élut le 18 avril 1291, mais contre son gré, *velit nolit*, dit-il, évêque à la place de son bienfaiteur défunt. Il fut sacré à Angers le 3 juin de cette année. Dès les premiers jours de l'année suivante il réunit dans sa cathédrale un Concile provincial, qui avait pour but d'aviser aux affaires de la Terre-Sainte. Homme d'une activité prodigieuse, et d'une énergie peu commune, il fit tant de réunions ecclésiastiques, pour mettre en vigueur des règlements de réforme, il écrivit tant d'actes épiscopaux qu'il est impossible d'en donner ici ni une liste, ni un résumé. On peut trouver tous ces documents dans la grande collection des documents inédits tome II, à l'Imprimerie Nationale : *Livres de* Guillaume Lemaire.

Ce grand évêque mourut le 14 avril 1317 à Bauné ; de là on transporta son corps à Morannes pour l'inhumer dans un de ses domaines. Henri Arnauld fit ouvrir sa tombe sans pouvoir constater l'identité du défunt. Transportée dans la chapelle de la Madeleine, elle fut en 1864 anéantie par la construction de la station du chemin de fer.

Foulques de Mathefelon

De l'ancienne famille de Mathefelon de Durtal, cet évêque d'Angers succéda à Hugues Odard le 17 juin 1324. Au moment de son élection il était trésorier de l'église Saint-Maurice. On manque de renseignements sur son épiscopat, qui se termina à sa mort en 1355. Il fut inhumé derrière le grand autel. Sa tombe était en marbre noir avec son portrait en marbre blanc ; on la voyait telle encore au xviiie siècle. Elle portait une épitaphe qui vantait sa belle taille, sa science, son éloquence et sa vigilance pastorale. Ce fut sous son épiscopat que Robert Ellis fut nommé Maître-Ecole, et c'est en sa faveur que le prélat fit unir à sa dignité nouvelle le doyenné rural de Chemillé, et les cures de Melay et de Louresse. Les motifs de cette union prouvent que l'Université d'Angers était dès lors florissante, et même l'une des plus distinguées du royaume.

Guillaume Fillastre

D'après Cl. Ménard, Fillastre est né en 1344 à Huillé dont la famille possédait la terre seigneuriale. Il fut d'abord chanoine de Saint-Maurice d'Angers, où ses armes figuraient encore au xviie siècle, dans un vitrail de l'église. Il s'y fit bientôt un renom dans la jurisprudence, et aussi, mérite rare à cette époque, dans les mathématiques et la science des lettres grecques. Nommé doyen de l'église de Reims, il y enseigna le droit, et y dirigea des écoles de théologie qu'il dota d'une riche bibliothèque. En 1406, dans l'assemblée du Clergé de France, ce fut lui qui défendit l'élection du pape Benoît XIII, et qui osa plaider en présence du roi la soumission au

Saint-Siège. Jean XXIII le créa cardinal du titre de Sainte-Marie le 6 juin 1411, et abbé d'Hautvilliers en 1413. Alors seulement, il se démit de son doyenné de Reims Il avait déjà accompagné son évêque au Concile de Pise. Il assista au Concile de Constance. Après la session le pape Martin V le députa en France pour achever l'union de l'Eglise, divisée par le Grand Schisme. Il devint évêque de Saint-Pons en 1423, et mourut à Rome en 1428, 6 novembre. On l'inhuma dans l'église Saint-Chrysogone. Il avait beaucoup écrit sur les auteurs anciens.

Mathieu Cointerel

Cointerel, en latin Contarellus, signait lui-même à l'italienne Contarel. Mathieu Cointerel naquit à Morannes en 1519. Son père était maréchal-ferrant ; lui fut attiré à Angers par des parents, dont un était chanoine à Saint-Maurille ; il étudia au collège de Bueil, rue de la Roë, où il obtint une bourse. Voici d'après la famille, comment se fit sa fortune. Un grand seigneur étranger, en admiration devant les cloches de Saint-Maurice, ayant demandé à Cointerel, qui se trouvait là, quelques renseignements, fut charmé de la bonne mine et de l'érudition de son Cicérone improvisé, et lui offrit de l'attacher à son service. Le jeune étudiant accepta et partit pour l'Italie. A Venise il tomba malade ; il fut soigné par un médecin du nom de Buon Compagno, qui se l'attacha comme précepteur de ses enfants, et ensuite le céda à son frère, qui devint le pape Grégoire XIII. Celui-ci le plaça bientôt chez André de Bovi, son collègue, professeur de droit à Bologne, qui partait pour Rome où il l'emmena. A Rome, Cointerel fut bien vite distingué. Le pape Paul IV le fit d'abord secrétaire des Brefs, puis auditeur de légation auprès du cardinal Hippolyte d'Este, qui allait en France. Pie IV le nomma référendaire ; Pie V l'adjoignit

à son neveu Alexandre dans ses ambassades d'Espagne
et de Portugal (1571). Enfin Grégoire XIII, son ancien
protecteur, le nomma grand Dataire, puis cardinal au
titre de Saint-Etienne sur le mont Cœlius (13 décembre
1583). Tous ses travaux lui attirèrent avec les dignités,
la fortune. Outre ses charges à la cour romaine, il possédait en France, au diocèse de Cambrai, l'abbaye du Mont
Saint-Martin et le prieuré de Huillé dans le comté de
Durtal. Parmi ses amis particuliers et illustres, il comptait Le Tasse, auteur de la Jérusalem délivrée.

Cointerel mourut à Rome le 28 novembre 1585, âgé de
66 ans ; il fut inhumé dans l'église Saint-Louis des Français, dont il avait fait construire la façade, ainsi que la
chapelle où se lit encore l'inscription de son tombeau.
Son portrait reproduit sur la planche originale a été acquis
par le musée d'Angers.

Il avait un neveu, François Cointerel, qu'il avait amené
de France, et qui devint secrétaire apostolique. Il mourut
en 1625, laissant tout son bien à l'hôpital de la Trinité
des pèlerins, où une inscription garde le souvenir de
cette munificence.

Un autre neveu est Gilbert, sieur de la Brosse, fils
d'un Gilbert de Morannes, auteur laborieux, industrieux,
« garny de douceur », mais sans fortune, aumônier du
Roi et de la Reine mère en 1583.

Georges du Tronchay

Du Tronchay Georges, sieur de Baladé, fils de maître
Baptiste du Tronchay, conseiller du Présidial du Mans et
de Jeanne Lancelot, né à Morannes le 20 avril 1540.
« Grand poète, et orateur » dit Bruneau de Tartifume, il
a écrit... plusieurs « poèmes français et plusieurs livres
« en prose, desquels c'est un grand dommage qu'il ne
« les ait pas fait imprimer, étant l'homme des mieux

« couchant par écrit qui fut en France ». De son côté l'auteur lui-même nous fait part de ses nombreux projets de poète dans une *élégie*, adressée à Pascal Robin du Faux (1578) :

> Tantôt, je veux ourdir un Clotaire français,
> Tantôt, je veux chanter les beautés de Clymène,
> Tantôt de vers plaintifs faire gémir la scène. ...
> Et tantôt les portraits des médailles antiques.....

Il était en effet l'homme de son temps le plus entendu en numismatique et il possédait une collection de médailles d'une grande richesse et dessinées, cataloguées de sa propre main. Rien de ce trésor n'a survécu.

La famille des Chevalier

La famille Chevalier, dont le membre le plus anciennement connu était Pierre Chevalier né en 1497, résidait à Durtal. Pierre Chevalier se maria en 1534 à Geneviève de Bohic, et devint conseiller au Présidial d'Angers. Geneviève avait un frère Pierre Bohic. Leur oncle était prêtre, chanoine de la cathédrale d'Angers ; c'est lui qui fit bâtir la chapelle Saint-Maurice. Pierre Bohic, prêtre comme son oncle, fut fait archidiacre et chanoine de l'église cathédrale. Le 6 avril 1557 il fonda la chapelle de Bois-Briouse dans la paroisse Saint-Laud d'Angers. Son testament est du 1er juillet 1597.

Le fils de Pierre Chevalier et de Geneviève Bohic reçut au baptême le prénom de François. Il fut avocat à Angers et se maria vers 1622 à Perrine Le Marchand, fille de René Le Marchand.

Pierre Chevalier, leur fils, né le 23 juin 1629, fut baptisé dans l'église Saint-Michel-du-Tertre. Il épousa le 3 mai 1654 Renée Gaudin, et exerça les fonctions d'avocat au siège de Durtal.

Son fils, né le 16 juin 1658, fut baptisé dans l'église

de Huillé. Comme son père il reçut le nom de Pierre. Il fut avoué à Durtal, et en 1692 il se maria à Madeleine Le Hue, fille d'André Le Hue et de Elisabeth Bédalier.

Pierre, fils du précédent, né le 5 février 1728, fut ingénieur du roi. Il épousa demoiselle Françoise Angeniot, née à Lyon.

Un autre Pierre Chevalier, fils du précédent, naquit à Lyon le 13 octobre 1764 ; on le baptisa dans l'église Saint-Sévérin en Dauphiné. Lui aussi fut ingénieur du roi, et se maria à demoiselle Anne-Marie de Saint-Jean de Luz (Basses-Pyrénées) qui était fille de Pierre de Saint-Jean de Luz et de Ursule Dupreuil.

Ils eurent trois enfants : Raymond, Joséphine et Pierre-Paul ; Raymond mourut à Bayonne ; mais, Marie-Joséphine Chevalier, née en 1798, à Saint-Jean de Luz, épouse à Angers, vers 1818, Louis-Guillaume-André Hébert de la Rousselière. Ils eurent pour fils le 4 septembre 1819 Louis-Charles-Antoine Hébert. Mme Hébert sa mère mourut le 14 décembre 1854, âgée de 56 ans, et le fils qui resta célibataire mourut à Durtal, le 20 juillet 1903.

Pendant plus de trois siècles et demi, cette famille honore Durtal par sa fidélité au lieu de sa naissance.

La maison des Chevalier est restée la même, sauf la façade qui fut refaite en 1827.

M. le Comte Amédée d'Andigné

En faisant l'historique de la terre du Grip, nous avons dit que le château fut acquis en 1861 par M. le comte Amédée d'Andigné époux de Madame la comtesse Blanche-Charlotte-Ernestine de Croix. Frère du marquis d'Andigné qui résidait à Beaufort, M. le comte d'Andigné avait suivi la carrière diplomatique. Attaché d'ambassade à Rome il contracta les fièvres paludéennes engendrées

par les Marais Pontins. Il dut quitter la ville éternelle où
il trouvait toutes les satisfactions de l'artiste et du chrétien pour venir habiter Durtal. C'est en 1889, le 14
décembre, qu'il succomba à une nouvelle attaque de
fièvres que malgré sa robuste constitution il n'avait
jamais pu guérir entièrement. Homme d'une rare distinction, d'une culture remarquable, chrétien fervent il fut
l'objet des plus vifs regrets des habitants de Durtal. Il
laissa heureusement après lui son fils, M. le comte Jean
d'Andigné, qui exerce à Durtal et dans le canton tout
entier une influence prépondérante.

M. le Docteur Farge

M. Farge avait fait ses études au collège de Combrée.
Il en garda toute sa vie le plus fidèle souvenir, souvenir
tout de dévouement et jusqu'à la fin de sa vie, c'est-à-dire
pendant 45 ans, Combrée resta vraiment pour lui une
seconde patrie. Esprit pétillant, fin et laborieux, il fit de
la médecine sa carrière, et d'Angers son séjour habituel.
Marié il devint un véritable Durtalois. Presque chaque
dimanche il venait se reposer dans sa propriété d'Auvers,
et assister aux délibérations du Conseil Municipal, dont
il fut toujours le membre le plus intelligent et le plus
assidu. Comme médecin, son diagnostic était très sûr,
mais il était aussi un travailleur infatigable. Par son
enseignement à l'école de Médecine, par ses intéressantes communications aux corps savants, il mérita
d'être nommé membre correspondant de l'Académie de
Médecine. Brillant professeur, M. Farge était dévoué
à ses élèves, et s'attachait à eux comme un ami à des
amis, à ce point qu'on a pu dire avec vérité que, par
sa retraite, il était mort de les avoir perdus. C'était
un grand cœur, partageant avec délicatesse les joies
et les peines de ceux qu'il fréquentait. Homme à l'intel-

ligence si vive, si preste, curieuse de tout, ouverte à
tout, il allait, sans effort, des lettres aux sciences, de la
numismatique à la philosophie, goûtant tous les arts,
surtout la musique et la peinture. Erudit aimable et
gai, il alliait avec aisance dans ses spirituelles cau-
series, pleines de saillies et d'humour, les poètes latins
anciens et les poètes modernes. C'était l'Angevin par
excellence, amoureux de sa ville et de son pays natal ;
c'était enfin le chrétien mettant d'accord sa vie avec ses
profondes croyances. Sur son lit de douleurs, un ami lui
ayant demandé ce qu'il désirait, il répondit tout bas ce
seul mot, qui dans sa bouche était l'expression de toutes
ses pensées, de toutes ses affections et de son unique
espérance : Dieu. Il mourut le 5 février 1905.

M. le Docteur Renou

Un autre médecin, qui illustra par ses belles qualités le
pays de Durtal, fut M. le docteur Joseph Renou. Il était
né à La Flèche en 1848, d'une famille très modeste, ayant
à Durtal de nombreux et respectables représentants.
Aussi notre ville l'attira toujours beaucoup ; et il aimait
à en parler avec intérêt, interrogeant avec attention ceux
qui pouvaient satisfaire son désir d'apprendre ce qui se
passait dans ce riant pays du Val-du-Loir. Après avoir
étudié les rudiments de la langue latine chez l'un de ses
oncles, curé de Marigné, il fut envoyé au collège de
Combrée. On dit qu'à cet âge il avait l'humeur un peu
malicieuse, et la main prompte aux tours d'écoliers. Mais
en toutes choses il apportait tant de franchise qu'on lui
pardonnait facilement. Devenu membre de l'Académie
du Collège, un jour de solennité, il fut remarqué par
l'illustre comte de Falloux, bon juge dans ces questions
littéraires, qui en fit quelque temps son secrétaire. Les
relations, qu'il se créa au château du Bourg-d'Iré, eurent

sur le jeune homme la plus heureuse influence pour sa vie. Dans ce milieu distingué, où la causerie était délicatement menée, il apprit le respect du passé et l'amour du présent. Après de brillantes études de médecine sous la direction de son ami, le docteur Farge, après de nobles faits d'armes pendant la guerre de 1870, le jeune docteur vint s'établir à Saumur. Les débuts furent pénibles ; cependant il fut vite distingué par deux sommités médicales de Saumur qui l'honorèrent de leur confiance, et l'introduisirent dans leur haute clientèle. Les malades, surtout les pauvres, allaient à lui à cœur ouvert ; toute sa personne était si sympathique. De taille moyenne, d'une démarche aisée, d'une tenue correcte. il était, sans le rechercher, un homme distingué. Tout en lui prévenait en sa faveur, son visage souriant, sa conversation agréable, sa voix pétillante d'esprit, ses jugements justes et très personnels. Ses amis voulurent à tort l'entraîner dans la politique, pour laquelle il n'était pas fait. Il revint donc à ses malades. Du reste ses déboires furent largement couverts par une distinction que lui mérita son travail médical ; il fut nommé, comme son maître et ami, correspondant de l'Académie de Médecine de Paris. Justement apprécié par ses confrères d'Angers, ils le sollicitèrent de quitter Saumur pour ouvrir à l'école de médecine un cours nouveau. Proposition flatteuse et séduisante entre toutes, qu'il ne put accepter, il ne se trouvait plus assez jeune pour se consacrer pendant au moins dix ans à un travail aussi ardu. — « Rien au monde, disait-il, ne vaut « le bonheur de soulager ceux qui souffrent, et de voir « sortir la guérison de ses soins, de ses luttes pas à pas « contre la mort qui menace » — « A quoi bon parler de « ce que j'ai fait, disait il encore, je n'ai agi que par « conviction, par devoir, pour faire le bien, et non « pour qu'on en parle ». C'est pourquoi les malheureux, si affectueusement traités par lui, l'aimaient comme leur père. A ses obsèques une pauvre femme regardant passer le cercueil pleurait à chaudes larmes et disait : « Il était si bon ! » Est-il plus bel éloge ! Avant de mourir il avait publié un manuel pratique, clair et complet, sans locutions scientifiques, à l'usage des personnes qui ont la charge de soigner les malades, mais qui ne savent pas le faire, et à leur insu rendent inefficaces les prescriptions du médecin. Que de malades, disait-il tristement, j'ai vu mourir, faute de soins intelligents et de prudence ! M. Renou mourut à Saumur à Noël 1905 ; il fut inhumé près le Lion-d'Angers.

M. le Comte de Blois

Elevé en Anjou, au milieu des siens au château de Huillé, sur les bords gracieux du Loir, Georges de Blois montra de bonne heure un ensemble de qualités rares : un amour curieux des choses du passé, un esprit ferme et sage, le goût de l'honneur. Il avait aussi cette distinction aristocratique, cette élégance de manières, ce parfum de délicatesse et de grâce qu'une société mourante semble vouloir exhaler avant de disparaître sous les flots montants de la démagogie : ainsi font les fleurs rares qui embaument l'air en se fanant. Maire de Daumeray, membre du Conseil général représentant le canton de Durtal, et sénateur de Maine-et-Loire, il fut dans nos assemblées départementales, comme au Luxembourg, de ceux que les événements n'ont jamais emportés, de ceux qui ont défendu l'ordre social contre l'esprit révolutionnaire et anarchique, l'armée contre les anti-militaristes, la liberté de l'enseignement contre les sectaires, l'église contre la Franc-Maçonnerie. — Tout le monde sait avec quelle éloquence il combattait en pleine lumière. Sa parole était originale, pénétrante. Avec la franchise la

plus naturelle, il allait droit au fait, droit aux gens ;
aussi les hommes, les plus habitués à le combattre, étaient
subjugués et s'unissaient à son égard dans le même
respect. — Il était de la vieille France et aussi de la
nouvelle, ayant les sentiments d'aujourd'hui dans un
cœur d'autrefois. Comme le comte de Falloux, dont il
hérita, il avait compris son rôle de grand propriétaire
terrien. Lui aussi, il aimait la vie des champs. Elle est
si agréable, dans le beau pays d'Anjou ! Il goûtait le
plaisir de la grande ferme en plein rapport, avec ses blés
qui frissonnent au printemps, avec ses vastes prairies
semées de la tache mouvante grise et rousse des grands
bœufs Durham et Charollais, avec les longues avenues
de pommiers sous le fardeau des fruits, avec les riches
vendanges de l'automne. Il aimait les paysans, allait au-
devant d'eux dans les comices, dans leurs maisons. Ne
pourrais-je pas vous être utile ? leur disait-il, car il avait
le souci de leur bien matériel et moral, et personne au
pays de Durtal ne s'y trompait. A la Roche-Jacquelin,
comme au temps de ses ancêtres, il les réunissait le
dimanche, organisant pour eux des jeux et des fêtes
intimes. Il visitait les malades, les pauvres qui ne pouvaient se déranger, semant l'aumône embellie par de
bonnes paroles qui réconfortent. La mort en l'enlevant
prématurément à l'affection générale a fait un vide bien
douloureux dans le pays. Ce grand chrétien fut jusqu'à
sa dernière heure un modèle parfait d'amitié, de dévouement et de foi religieuse.

Il mourut à Paris, le 13 mars 1906, à l'âge de 58 ans.
Son corps fut inhumé dans le cimetière de Huillé, le 18
mars, auprès des membres défunts de sa noble famille.

NOTES COMPLÉMENTAIRES

Durtal

Page 14. — Jean du Mas, sieur de Mathefelon et de Durtal, fils de Jean du Mas et de Marguerite de la Jaille, fut nommé doyen du chapitre de Saint-Maurice d'Angers le 17 mars 1536, prévôt de l'église de Nantes en 1541, abbé de Saint-Thierry-lès-Reims en 1543, évêque de Dol en 1567. Il prend possession le 25 septembre de la même année et meurt le 12 octobre suivant, avant d'avoir été sacré. Inhumé à la cathédrale d'Angers, son tombeau était près de l'autel qui joignait la sacristie. Son nom n'y était pas indiqué, mais ses armoiries accompaguaient son buste en marbre blanc ; la tête était nue pour indiquer qu'il n'avait pas été consacré.

Le pont de pierre construit sur le Loir, par ordre de Jean du Mas, fut plusieurs fois réparé. En 1649, la pierre employée provenait d'une perrière exploitée à Gabureau (commune de Seiches).

Une seconde et très importante restauration du pont eut lieu après la Révolution. Elle fut dirigée par Guillaume-Etienne-Charles Goury, ingénieur des ponts-et-chaussées, en résidence à Durtal. Né à Landerneau (Finistère) le 31 mai 1768, fils du directeur des Fermes de Bretagne, formé à Paris par Ferronnet, il débuta à Angers comme ingénieur (3 mai 1793). Il arriva à Durtal en 1800. Chevalier de la Légion d'Honneur en août 1822, officier depuis le 14 avril 1843, il mourut à Angers le 24 février 1854, âgé de 86 ans. Il a beaucoup écrit sur divers sujets.

Page 18. — Vincent Carloix, auteur présumé des « Mémoires du maréchal de Vieilleville », était un homme d'église et en même temps secrétaire du maréchal. Son

nom figure à plusieurs reprises dans des actes angevins
de 1579 à 1594. (Archives communales de Baracé et de
Durtal.)

Page 24. — Jean de l'Espine, d'Angers, artiste constructeur, né rue des Filles-Dieu en 1505, fut requis par
la ville d'Angers pour organiser des fêtes, d'abord en
1551 pour la réception du roi Henri II, et en 1565 pour
l'entrée de Charles IX. A cette occasion, il dut aller recruter des peintres à Gonnord, Beaupréau, Montaigu et
Durtal, « par toutes les maisons où ils besoignaient ».

Page 46. — François Errault, né à Durtal, de Antoine
Errault. sieur de Chemans et de Roberte de Bouillé,
figure en 1522 sur la liste des avocats au Parlement de
Paris. Il entra à ce Parlement comme conseiller, puis il
reçut le titre de Maître des Requêtes et de premier président au Parlement de Turin, lors de son érection en 1539.
Après la disgrâce du chancelier Poyet, le roi François Ier
lui donna les Sceaux, qu'il tenait encore quand il mourut
le 3 septembre 1554 à Châlons-sur-Marne, occupé à traiter
de la paix avec l'empereur Charles-Quint. On l'inhuma
dans le chœur de l'église Saint-Etienne. De sa femme,
Marie de Luynes, il eut deux fils, dont l'un, Jean, abbé
de Saint-Loup de Troyes, mourut en 1614, âgé de 89 ans ;
l'autre périt à la bataille de Cérisoles (1544). — Les auteurs
angevins assimilent cette famille à celle des Ayrault.

Nous disions à la *page 46* qu'il ne restait pas trace de
la chapelle dédiée à sainte Madeleine. C'était une erreur,
car nous avons retrouvé la chapelle elle-même. Alors
que l'église Saint-Léonard occupait la partie haute du
faubourg, la chapelle Sainte-Marie-Madeleine était bâtie
dans la partie la plus basse, au côté *est* de la rue. Elle
semble encore être la tête de l'ancien pont de bois, qui
aboutissait sur la rive droite du Loir dans la cour du

Suisse. Environnée par un bras du Loir, la chapelle avec les maisons voisines forme comme un îlot, qu'on appelle le *bout du monde*. Les limites de cet îlot sont au nord le pont rompu et la rivière, à l'est la chapelle, au sud la rue Saint-Léonard, à l'ouest le port.

Nous la décrivons telle que nous l'ont laissée, transformée en magasin ou remise, les acheteurs de biens nationaux. C'est un bâtiment construit en simple blocage avec les pierres brutes du pays et terminé à chaque bout par un pignon. Celui qui domine la porte d'entrée est surmonté d'une sorte de piédestal rectangulaire assez bas, qui dut supporter une statue, peut-être celle de sainte Marie-Madeleine, ou une croix en pierre. Le pignon opposé se termine sans aucun signe particulier. Il n'a aucune ouverture. Deux fenêtres assez petites, de style roman, éclairaient l'intérieur de chaque côté de l'autel, plaqué au mur du fond. Ces fenêtres ont été agrandies sans goût. L'autel, qui n'existe plus, devait être surmonté d'une petite niche de style renaissance en pierre calcaire, encastrée dans le mur, pour y placer une statue. Cette niche a été arrachée récemment et transportée dans le jardin du propriétaire actuel, dans le but de l'entretenir avec soin, afin d'y honorer une bienheureuse Jeanne d'Arc.

La longueur de l'édifice, prise à l'intérieur, est de neuf mètres ; la largeur intérieure mesure sept mètres, et la hauteur jusqu'à la naissance de la voûte est de quatre mètres quinze. La voûte avait une hauteur égale de quatre mètres vingt-cinq. Cette voûte n'existe plus : elle était en bois de chêne, de forme ogivale. On voit encore deux forts tirants, de forme octogonale, sans sculpture ni peinture. La charpente, en bois de chêne également, subsiste toujours. C'est à peine si l'on voit quelques traces de peinture murale autour de l'autel et au bas des murs. La chapelle a été divisée en deux parts longitudinales par un gros mur de refend, qui doit disparaître prochainement, puisqu'il n'y a plus qu'un seul propriétaire, au lieu des deux d'autrefois. Au-dessus de la porte d'entrée, à l'extérieur, une pierre de tuffeau, d'environ soixante centimètres en tous sens, a été encastrée, mais elle a été si mutilée qu'on ne peut que soupçonner la destruction d'un sujet religieux.

Le 15 messidor an X, la chapelle appartient aux enfants de Louis Forest et de Jeanne Mauxion, de Morannes. — Au 27 nivôse an XI, elle est vendue par ceux-ci aux sieurs Gervais et Jean Robineau, charpentiers en bateaux. — Le 3 février 1817, les frères Robineau se partagent, en parts égales, la chapelle Sainte-Madeleine. — Le 19 août 1856, la part nord est vendue à M. Ulysse Leblanc par les époux Pion et Chauveau. — Le 12 novembre 1859, la part sud est vendue au même M. Leblanc par les époux Maubert et Courtabassis. — Le 25 juin 1882, M. Poirier-Chollet achète tous les biens de M. Leblanc en Saint-Léonard. — Enfin, le propriétaire actuel est M. Paul Coubard, époux de Mlle Marie Poirier.

Page 59. — Jean de Feuquerolles, écuyer, sieur de Princé et de la Frémondière, était capitaine du château de Durtal depuis environ 1620 jusqu'à sa mort arrivée le 20 mars 1660. Il eut deux enfants : Catherine, qui fut la fondatrice de l'hôpital, et Jean François, qui devint avocat, sénéchal et juge ordinaire des eaux et forêts du comté de Durtal, sieur de la Cour et de Princé. Jean-François de Feuquerolles épousa à la Pouëze, le 23 juin 1664, demoiselle Marie Dumont. Il composa et présenta, le 21 juillet 1695, au duc de la Roche-Guyon « la généalogie des seigneurs de Durestal en Anjou ! » manuscrit de 17 fol. velin avec blasons en couleurs, qui de la bibliothèque de Liancourt passa dans celle de M. Chédeau, de Saumur, et a figuré dans sa vente en 1865.

Page 62. — L'Argance est un ruisseau qui prend sa source dans la commune de Vilaines (Sarthe). On disait autrefois : l'Arglance. Cette petite rivière traverse la commune de Durtal, la séparant de la Chapelle d'Aligné, et se jette dans le Loir, en entrant dans la ville de Durtal sur la rive droite. Elle a 6.300 mètres de parcours en Maine-et-Loire : son affluent est le ruisseau de la Motte.

Page 66. — La communauté des Filles de la Trinité d'Angers, appelées aussi Filles de la Croix, d'où la communauté de Sainte-Marie-la-Forêt tira son origine, fut fondée par Mlle Marie-Gabrielle Rousseau. Cette personne d'une remarquable sainteté était née à Craon, le 10 juillet 1625. Elle y fonda un hôpital, mais appelée à Angers par l'abbé Lasnier de Vaux, son parent, elle y ouvrit une école avec Anne Bioteau et y installa la première maison de la Providence.

Elle accepta en même temps la direction des hôpitaux de Craon et de Durtal. Elle mourut à Angers, le 26 juin 1714. L'historien Grandet a raconté en partie sa vie ; le manuscrit était conservé dans la maison de la Providence.

Page 124. — Pierre-Roch Deville, avocat au Parlement, conseiller du roi, notaire et échevin à Angers, mari de Anne Bougler, fut le fondateur et le premier rédacteur des *Affiches d'Angers*, le 3 juillet 1773. Il faut regretter la perte d'une collection très précieuse de notes généalogiques et historiques sur les familles d'Anjou. Cette collection fut transportée à Paris après sa mort et vendue aux épiciers vers 1820. Deville est mort au château de Durtal, le 7 février 1817.

Page 136. — Rouget se cachait surtout dans la forêt de Malpaire. Cette ancienne forêt, Malaparia, s'étendait aux xie et xiie siècles sur les paroisses de Durtal, Gouis et la Chapelle-d'Aligné. Elle appartenait d'abord aux seigneurs de Durtal, puis aux seigneurs de Sablé, qui firent abattre de 1704 à 1717 ce qui restait des bois, tout en replantant une grande partie en 1712.

CAMPAGNE DE DURTAL

Les Arcis

Arsitia 1114-1134 (Saint-Serge, cart. I, p. 110). Ancien petit manoir habité au xviie siècle par M. René Hus, et après lui par Mlle de Feuquerolle, fondatrice de l'hôpital de Durtal.

L'Asnerie

Ancien fief réuni à la seigneurie de Bois-Moreau.

Aussigné

Alsiniacus, 1028 circa (Cart du Ronc), Auxigneium, 1242 (Pr. de Gouis, t. I, f. 277). — En est sieur noble homme Michel Deniau, président en l'élection d'Angers, 1635.

La Babinière

Ferme située à gauche de la route qui conduit à la Chapelle-d'Aligné. « L'hostel et appartenances du lieu de la Babinière cloux à douves et fossez anciens » avec garennes, plesses, bois et un petit étang, relevait de la baronnie de Durtal et appartenait en 1539 à Gervaise Héliant; en 1581 à noble homme Jacques Bigot, époux de Marie de Cheviré; en 1642 et 1676 à noble homme Hector Bélot, avocat au Présidial d'Angers, mari de Jeanne Papot.

Ballée

Hameau appelé : « Les Perrais de la plaine du lieu de Ballé » 1428, ancienne dépendance du Prieuré de Gouis. Vendu nationalement le 3 mars 1791.

La Bellangerie

En est sieur en 1616 noble homme Jean Lemaire, qui épouse le 4 février Louise d'Allance. — En 1790, M. de la Rochefoucault-Liancourt ; il en est dépossédé par vente nationale, le 26 prairial an IV.

La Bellonnière

Située dans la paroisse de Gouis. Au xvi⁰ siècle, on disait la Bellouinière. Elle relevait de la Motte-Grenier (*Voir p. 167*) et en partie de la Chapelle-d'Aligné. — En est sieur René Savary, 1540 ; et en 1680, François Rompelle, époux de Renée Savary.

La Bersillère

Ferme, qui dépendait de la Chapelle-du-Grip. Elle fut vendue nationalement le 13 janvier 1791.

La Blanchardière

Appartenait en 1754, à Pierre Lemotheux, vicaire du Lion-d'Angers, par héritage de Louis Desnos, curé de Grez-Neuville ; — en 1790, à Jean Guillemot-Villebiot. Cette ferme relevait d'Auvers.

Les Bourlières

Terre et seigneurie de la Bourelière (1539). En était sieur en 1382 Huet de Chaudemanche ; en 1472, L. de la Palu, écuyer ; en 1539, Jacques du Bellay ; en 1619 et 1629, Michel Guéhery ; en 1691, Marguerite de Collas ; en 1780, Jacques-Charles Lefebvre. Cette terre relevait en partie de Durtal et en partie de la Boderaie.

La Brosse

En est sieur René Cador, écuyer, qui fit abjuration du Calvinisme, le 28 décembre 1683, en l'église Notre-Dame de Durtal.

La Chardonnière

Appartenait au xvii⁰ siècle à la famille Mouteul, dont un membre, Pierre Mouteul, est chirurgien en 1688, et un autre, curé.

Court ou La Cour

Le lieu et maison de La Cour en Saint-Léonard, 1544. En est sieur noble homme Jean de Tessé ; ensuite Guy Lemanceau, époux de Marie Gandon, 1682 ; leur fille est baptisée le 7 octobre dans la chapelle d'Auvers ; — en 1706. messire Jean de Feuquerolles, écuyer.

L'Essart

En 1642, la ferme de l'Essart appartenait à François de Feuquerolles.

Fleuret

Fleuret ou Fleuré, Frureium (1155-1162). — Fleuré 1685, dans la paroisse de Gouis et dans le fief d'Auvers. — En est sieur noble homme Jean-Guy Basourdy, 1577 ; noble homme René Leroyer de Chantepie, conseiller au Présidial d'Angers, 1755 ; André Lebrecq, tanneur, 1759. — Une autre closerie du même nom existe près Eventard. Elle appartenait en 1580 à noble homme Jean Sigogneau, mari de Catherine Lelou.

La Guyonnière

Ancien domaine de la chapelle Sainte-Anne du Château-Bosset, vendu nationalement le 24 mars 1791.

La Mégretterie

Appartenait à Joseph Raveneau, curé de Notre-Dame de Durtal, 1707-1735. Ses héritiers vendent la ferme le

11 juillet 1736 à Suzanne de Broc, dame du Grip. Elle fut saccagée par les brigands, appelés chouans, dans la nuit du 16 au 17 février 1834.

Le Plain-Champ

En est sieur Michel Berruyer, 1649-1661 ; Martin Berruyer, 1701 ....

La Presle

Ferme de la paroisse de Gouis : de Pratella.

Le Pressoir

Ancien domaine du Prieuré de Gouis. — Le Pressoir-Léauté, 1682.

Princé

Ancien fief relevant d'Aligné. En est sieur noble homme Gilles Deschamps, 1632 ; et en 1660, Jean de Laval Bois-Dauphin.

PERSONNAGES REMARQUABLES

Urbain Lecorvaisier

Chirurgien à Durtal, en 1601, Urbain Lecorvaisier était frère de René Lecorvaisier, qui avait le titre de conseiller et aumônier du roi. En 1621, Urbain Lecorvaisier possédait les Rochelleries de Durtal.

Charles Taudon

Charles Taudon, peintre au bourg de Gouis, 1650, mari de Catherine Hus, qui est veuve en 1655. — Leur fils Charles, né le 13 mars 1636, qualifié d'honorable homme et de maître peintre, ou maître peintre et vitrier, 1666, épouse à Cornillé, le 5 août 1682, dame Jeanne Fourrier.

Jean Pelletier

Peintre à Durtal ; y est inhumé le 5 janvier 1611 ; et sa veuve, Mathurine Lhommeau est inhumée au même lieu, le 10 août suivant.

René Parage

D'une famille de maîtres architectes. René Parage mourut à Durtal, le 31 août 1653. — Perrine Parage, épouse de Guillaume René Hardye, conseiller à l'hôtel de ville, capitaine de la milice bourgeoise, meurt à Angers, le 17 février 1782, à l'âge de 67 ans.

Joseph Thibault

Dominicain du couvent d'Angers, Joseph Thibault naquit à Durtal, le 25 avril 1667, et mourut à Angers, le 14 juin 1711, en grande vénération. Il avait composé et publié, peut-être en 1709, d'après une note manuscrite contemporaine, un ou plusieurs livres dont elle ne donne pas le titre.

Louis Henry

Louis-Marin Henry, né à Durtal en 1777, y revint prendre sa retraite avec le grade de chef d'escadron. Il mourut le 30 juillet 1842.

CANTON DE DURTAL

Montigné-les-Rairies

La Chiquetière

Ancien fief et seigneurie, possédés, en 1404, par les héritiers de Chiquenet, clerc. — Noble homme Thibault Chiquenet en rend aveu, en 1509, à la seigneurie des

Aulnières. — En est sieur Charles Dupont en 1558 ;
messire Antoine Dupont, en 1645, qui vend la terre en
1688, avec la métairie de la Fontaine et la closerie de
Bourné à noble homme Nicolas Morant de l'Espinay ; —
Auguste de Morant et Jean Daniel de Morant, chevaliers,
en 1765. Après la Révolution, cette terre fait retour à
M. de Morant, Henri de Morant et Mme la marquise de
Ferrières, sa fille, 1900.

La Croix de la Gallière

Cette croix, élevée sur la route de Montigné à Durtal,
sur fût en colonne ronde en pierre de Rairie, porte cette
inscription écourtée et peu lisible « .... Maréchal ont
fait placer cette croix, 1730. »

Le Gué-Angevin

Ferme de la commune des Rairies. « Maison.... au
lieu appelé le Gué-Angevin, 1504. » au point où une voie
passait le ruisseau, qui descend de Montigné au Loir,
pour gagner Chalou par les Rairies.

La Poutière

En est sieur noble homme Urbain Arthuis, écuyer,
homme d'armes de la Compagnie du Roi, 1614. Il est dit
en 1650, « maître des eaux et forêts » à Baugé ; il marie
sa fille, le 24 novembre, à J.-B. de Chouasnet, écuyer ; —
René Quéru, écuyer, commandant du bataillon du Mans,
1758.

Bernard de la Frégeolière

Bernard de la Frégeolière, né à la Sionnière, mérite
une mention spéciale. La Sionnière était une terre noble
avec manoir enfermé dans une enceinte. La chapelle
était sous le vocable de saint Jean l'évangéliste et de
sainte Catherine. Le service y avait été autorisé en 1724.
En est sieur noble homme Nic. Hubert, 1617, qui vend

en 1629 à Urb. Arthus ; — Jean du Boul 1642 ; René Delaunay, écuyer, 1720 ; René-Jean-Philippe Bernard de la Frégeolière, mari de Michel-Renée Quéru de la Poutière, qui s'y remarie, le 2 juin 1772, dans la chapelle, avec Marie Lemercier. Le domaine, vendu nationalement le 17 messidor an IV, fut racheté par sa femme.

Bernard de la Frégeolière, fils du précédent, le dernier propriétaire de la Sionnière, avant la Révolution, naquit le 16 septembre 1759. Entré au collège de la Flèche, il remplace à seize ans son père aux gardes du Corps, émigre en 1791 à Coblentz, laissant en Anjou sa femme, Jeanne-Françoise-Marguerite Marsan, épousée le 19 août 1780, déjà mère de onze enfants. Il fait la campagne de France en 1792, rentre blessé à Anvers, rejoint péniblement l'armée de Condé, assiste au siège de Valenciennes, subit tous les dégoûts de la retraite à travers la Hollande, s'embarque à Brême sur un navire Anglais, pour gagner la Vendée, et après neuf mois d'une affreuse traversée, débarque à l'île de Guernesey en décembre 1795. En 1796, il réussit à joindre à Vitré l'armée de Puysaie, ensuite la division du faux saulnier Sans-Peur dans l'armée du général de Scépeaux, puis la division Gaultier ; ce qui le rapproche de son pays. Il n'est connu que sous le prénom de Henri. Sa femme ignore encore son retour. Comme il refuse de se soumettre au gouvernement républicain, sa tête est mise à prix (3.000 livres), mais il organise, sur la rive gauche du Loir, en 1799, neuf compagnies de soldats, formant la 13me légion de l'armée de Bourmont, qui lui envoie un brevet de colonel. Au premier ordre, il réunit ses troupes à Volandry et va occuper la ville du Lude, que défendaient les gardes nationaux et six gendarmes. Là, il est reconnu par le secrétaire de la mairie, prêtre apostat et marié, l'ancien vicaire de la paroisse, et son nom est divulgué. Il va alors chasser de Foulletourte la 32e demi-brigade, dont il brûle les bagages, et rentre au Lude, d'où le général Verger sort en capitulant.

Le lendemain, l'ordre du général de Bourmont arrive de se licencier. Bernard de la Frégeolière refuse et de nouveau sa tête est mise à prix. Il est traqué. Alors il prend son jeune fils et se rend avec lui à Angers, où il se présente au général Hédouville. Celui-ci, ne pouvant l'amener à prendre du service sous ses ordres, le renvoie en surveillance au Mans, tout en le laissant libre.

Nommé aux Cent Jours par le général d'Andigné chef de division, il reprend encore Le Lude à M. d'Ambrugeac. Après Waterloo, il fait reconnaitre le drapeau blanc dans le pays. Il eut l'honneur d'être appelé à Durtal par le duc de Bourbon, quand il passa d'Angleterre à Paris. Chargé en 1815 par le général d'Andigné de recruter et d'organiser la troisième compagnie de la légion de Maine-et-Loire, il s'en sépara en octobre, mais le 31 de ce mois il reçut l'ordre de sa mise à la retraite, avec le titre de colonel. Le même jour, un brevet royal l'élevait au grade de Maréchal de camp ; toutefois il n'en eut connaissance que longtemps après. Chevalier de Saint-Louis depuis le 21 septembre 1814, il fut chevalier de la Légion d'honneur, le 24 avril 1821. Il mourut au Vieil-Baugé, le 26 janvier 1835, âgé de 74 ans. Bernard de la Frégeolière avait écrit lui-même sa biographie, dédiée au roi et à sa famille, le 20 mars 1817, sans style ni prétention que celle de la sincérité. Célestin Port, qui a lu ce manuscrit, lui rend ce témoignage.

Huillé

Baïf

Petit fief, réuni par acquêt le 28 mars 1757 au château du Plessis-Grellier, dont il relevait antérieurement. Il est souvent fait mention dans les cartulaires de Saint-Serge et du Ronceray de la terre et du moulin de Baïf. C'est le nom que porte toute une famille célèbre dans la littérature française au xve siècle et qui se rattache au Vieil-Anjou (*Voir page 107*).

La Charnasserie

Cette ferme tire son nom d'une ancienne et très nombreuse famille Charnacé, à qui elle appartenait au xviie siècle. — Louis Charnacé était syndic de Huillé en 1717, et Jean-Pierre Charnacé, vicaire de la paroisse en 1763, époque où la cloche actuelle fut bénite. — Il avait 75 ans en 1791 et, ayant prêté le serment, il ne fut pas inquiété pendant la Révolution.

Les Grouas

En est sieur Gilles de la Rainais, écuyer, époux de Marie de Feuquerolles, 1651.

Mainberte

Ancien fief et seigneurie avec maison noble, appartenant en 1582 aux du Breil; en 1675 à Mathurin d'Estriché; en 1690 à Suzanne-Françoise de Broc qui en est propriétaire jusqu'en 1738.

Princé

Ancien fief et seigneurie, avec maison noble, relevant d'Auvers, de Durtal. — En est sieur en 1423 Thibault Rabinard; en 1654, Gilles de la Rainais, écuyer, époux de Marie de Feuquerolles; en 1655, Jean de Feuquerolles, capitaine du château de Durtal; en 1662 et 1676, François de Feuquerolles, écuyer, sénéchal de Durtal; en 1681 et 1692, Michel-Aubert de la Richardière.

Mouët de Bourgon

Jacques Mouët de Bourgon, fils de Jacques Mouët,

originaire de Beauce, et de Catherine Gaudin, d'Anjou, naquit, croit-on, à Huillé. De 1706 à 1708, il est secrétaire de l'ambassade de France et d'Espagne auprès de la République des Ligues-Grises ; il devint en 1715 curé de Chemiré-sur-Sarthe, où il mourut le 10 avril 1720, âgé de cinquante-quatre ans et demi. On a de lui une *Géographie historique ou Description de l'Univers* (Paris, 1705, in-8º de 678 p.), qui ne comprend que l'Europe. Il est de plus l'éditeur d'une *Relation ou Lettre du Christianisme d'Orient* (Angers, In-12). Toussaint Grille possédait un *Mémoire historique, géographique et politique sur les Grisons* (Mss, in-fol. de 64 p.) composé pendant ses années d'ambassade.

Leloyer

Pierre Leloyer, sieur de la Brosse, fils de Pierre et de Jeanne Panchèvre, naquit à Huillé, le 24 novembre 1550. Parmi ses œuvres il faut mettre en première ligne son idylle sur le Loir, qui lui valut en 1572, le prix de l'Eglantine aux Jeux Floraux de Toulouse. Un grand nombre d'autres pièces sont d'une suprême impertinence. Il aborda une telle quantité de sujets, en prose et en vers, qu'on a pu dire qu'il y perdit la tête petit à petit, ou peu s'en faut. Son portrait original a été gravé par le Peplus de Ménard, et le cuivre en est conservé au Musée d'Angers.

Baracé

La Bergeotière

Closerie appartenant à M. Frédéric de La Rochefoucault-Liancourt en 1790 ; vendue nationalement le 8 messidor, an IV.

La Courtaisière

Appartenait à M. Frédéric de la Rochefoucault, vendue comme la précédente, le 8 messidor, an IV.

Guy Denais

Guy-René Denais, prêtre, né à Baracé, le 18 septembre 1756, était préfet des Etudes au collège de Beaupréau en 1789. A cette date il passe en Angleterre avec passe-port, où il se livre à l'enseignement. A son retour, en 1800, il est nommé curé de Doué-la-Fontaine, puis chanoine de Saint-Maurice et secrétaire de Mgr Montault, dont il reste l'ami et le confident. Il meurt à l'Evêché, le 16 août 1839. Il avait publié chez Mame, à Angers, un livre sur le Jubilé de l'année Sainte.

Morannes

Coquille d'Alleuds

Jacques-Antoine Coquille d'Alleuds, né à Morannes, le 17 juin 1747, est un exemple de ces esprits faux, qui se fourvoient en tout et partout. Ses études finies, il va à Paris, où il mène une vie désordonnée, se battant en duel et se réfugiant ensuite dans des monastères, voulant ainsi échapper à la justice, tout en feignant une vocation qu'il n'avait pas. En 1789, résidant au couvent des Récollets de Beaufort, il prononça sur le Champ de Foire un discours sur la Liberté, et bien loin d'exaspérer les sentiments populaires, il chercha à les apaiser, mais cette modération ne pouvait durer. En avril 1791, après quelques semaines passées comme vicaire à Saint-Mau-rille de Chalonnes, il devint curé constitutionnel de Beaupréau. Là, il fut honni, comme il le méritait, par la population ; ne trouvant ni chantres, ni enfants de chœur, ni sacristain, il dut partir tout en feignant la modération et le calme. Il y revint bientôt et se maria avec une ouvrière du pays ; puis accepta la direction du collège de Beaupréau au départ de M. Darondeau. Chassé de nouveau par la population catholique, il revint à Angers, le 18 brumaire, an II et là il renonça à toute fonction ecclésiastique. Depuis un an d'ailleurs il demandait l'abolition de tout culte. Sa femme fanatisée se débaptisa et lui-même prit le nom païen d'Horatius Coclès. Il figure dans toutes les manifestations de ce temps d'impiété, et, quoique bègue, il s'en fait l'orateur public. Il pousse l'extravagante passion révolutionnaire jusqu'à attaquer le civisme de la municipalité d'Angers : ce qui lui vaut soixante-quatre jours de prison. Il reprend sa vie de prosélytisme républicain et compose des hymnes à l'Etre Suprême. En l'an VII, il sollicite une place dans l'administration nouvelle. Enfin il meurt d'hydropisie à Angers, place Sainte-Croix, le 2 prairial, an XIII (22 mai 1805). Il voulait que son corps fût donné aux étudiants en médecine, qui, ne manquant pas de *sujets*, le refusèrent.

Gaulier

Pierre-Marin Gaulier, né en 1766, à Morannes, où son père était notaire, servit d'abord comme grenadier au premier bataillon des volontaires de 1793 ; puis, son père, arrêté comme royaliste, étant mort en prison, il alla rejoindre, sous le nom de Grand-Pierre, les chouans de M. Jacques qui l'adressa à Coquereau. Celui-ci en fit son second et le nouveau venu lui succéda quelques mois après. Grâce à sa fortune personnelle qu'il y employait, la bande fut bientôt la mieux approvisionnée et par suite la plus nombreuse des cantons d'entre Sarthe et Maine Il procédait d'ailleurs, au contraire de son prédécesseur, avec une froide raison mêlée d'une certaine douceur et d'une modération relative. Il répondit au nouvel appel de Bourmont et se signala à la prise du Mans (15 octobre 1799) et reparut en armes aux Cent-Jours.

Daumeray

La Chaussée du Grip

Résidence du chapelain du Grip, rebâtie par Mme la comtesse d'Andigné.

Cheviré-le-Rouge

La Piltière

En est sieur Gilles Courcoul, prêtre, en 1455-1461 ; Jean Aubry, 1518 ; Robert Havard, 1538, Pierre Havard, 1578 ; Robert Havard, prêtre, 1603 ; Jean Odiau de la Vallée, 1662 ; — en 1850, P. Voisin et en 1905, demoiselle Voisin.

La Roussière

Ancien fief et seigneurie avec manoir noble, dont est sieur messire Hector de Domaigné, chevalier, 1452 ; noble homme de la Courant, 1550, son gendre Pierre Poulain, 1557 ; noble homme François de la Courant, 1565 ; Jean Desvaulx, écuyer, 1635 ; Pierre Théophile Morant de l'Epinay, 1759, sur les héritiers de qui la terre est vendue nationalement, le 9 vendémiaire, an III.

La Thiellée

En 1590, on lisait : « La Thiellée qui anciennement était appelée le Temple. » La Thiellée, devenue maison noble, fut acquise en 1492, sur J. Maugars de la Bougrière, par Ambroise de Périers — En est sieur François Hubert, licencié-ès-lois, 1539 ; Urbain du Fresne, lieutenant des gardes du roi, en 1574, mari de Nicole de Périers ; Jacques Raveneau, en 1586 et 1629 ; Sa veuve, Marie Dosdefer, de 1633 à 1641. Elle y célèbre le 26 août 1638 les noces de sa sœur avec Nicole de Noyers.

Les Vaux-de-Jarzé

En est sieur René de la Roë, écuyer, 1601, mari de

Charlotte de Jousserant, 1619. — Louis de la Roë, assassiné le 6 décembre 1643 aux Halles de Baugé par Pierre Poinat ; Charles de la Roë, 1665 ;

Item : Les Petits-Vaux, ancien domaine de la chapelle Saint-Louis du cimetière, vendu nationalement, le 21 janvier 1791.

Les Sorgets

Sorgèi, 1167 (cart. de N.-D. de Saintes), ancien fief et seigneurie, appartenant à Madeleine d'Avoines de la Jaille, femme de Henri de Maillé, 1702.

Lézigné

Channay

S'écrivait Chahaney en 1219 ; Chasnay en 1580 ; Chaşné en 1670, appartenant en 1546 à demoiselle Barbe Roger ; 1603 à 1623 à noble homme Claude Dupré ; en 1788 à François-Alexandre de la Rochefoucault-Liancourt. Cette ferme ainsi que la Vieillère, fut vendue nationalement, le 21 floréal, an III.

Chaufour

Ferme et moulin. En est sieur Mathurin Oriard, en 1656 ; sa veuve, Marie de Huilles, en 1680 ; Jean-Louis-Marin de Grimaudet, en 1779.

Prignes

Le Bas, le Haut-Prignes. Ancien fief et seigneurie, relevant de Vieilleville, appartenait au xv⁰ siècle à la famille de Princé ; au xvi⁰ siècle au seigneur de Durtal, qui le céda par échange le 29 décembre 1580 au Chapitre de Saint-Laud d'Angers. Les moulins de Prignes (Petrignas) étaient exploités en 1775 comme papeterie par Simon Cherouvrier et en 1870, par M. Bilbille.

Le Vivier

Vivarium. Ancien fief et seigneurie avec maison noble,

relevant de Longchamp. Domaine et résidence en 1540 de François de la Jaïlle. Jean Dohin de la Vallaisière en fait l'achat en 1561, le 15 février, sur René de la Jaille. — En est sieur noble homme Jean Vincent de la Porte, en 1598, qui y meurt le 25 mai 1607, en léguant le domaine à la paroisse pour fonder un collège, qu'il dotait en outre de cent livres de rentes sur la ville de Paris. Le domaine appartenait en 1674, sans doute par achat, à François de la Rochefoucault et fut vendu nationalement, le 9 vendémiaire, an III, sur ses héritiers.

Præcipua hujusce historiæ fragmenta religiose collegi, ne pereant; 1909.

Fr.-J. GROSBOIS.

TABLE DES GRAVURES

TABLE DES MATIÈRES

Mainberte, Princé, Mouët de Bourgon, Leloyer. — Baracé : La Bergeotière, La Courtaisière, Guy Denais. — Morannes : Coquille d'Alleuds, Gaulier. — Daumeray : La Chaussée du Grip. — Cheviré-le-Rouge : La Piltière, La Roussière, La Thiellée, Les Vaux de Jarzé, Les Sorgets. — Lézigné : Channay, Chaufour, Prignes, Le Vivier.

FIN

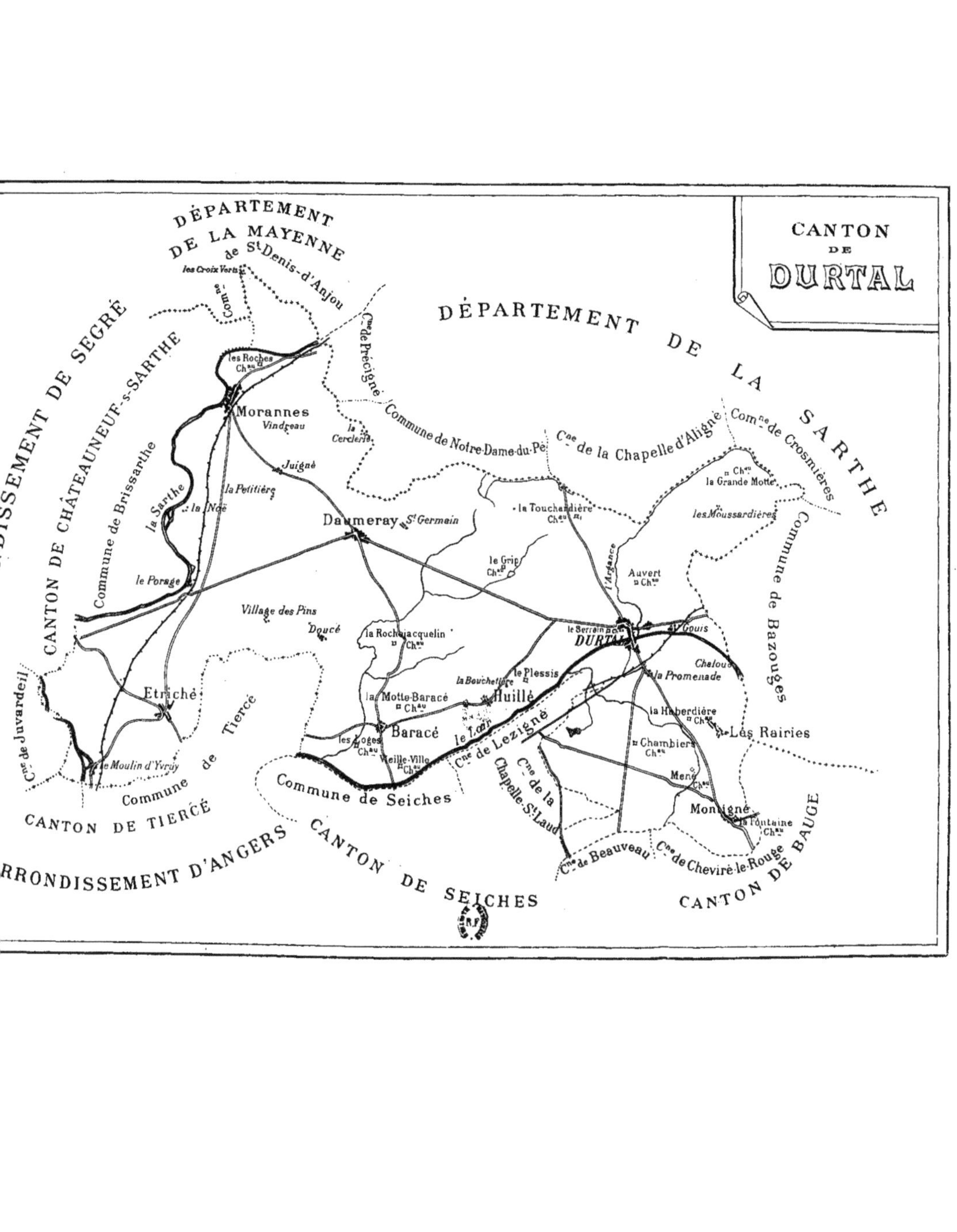

CANTON
DE
DURTAL

DÉPARTEMENT
DE LA MAYENNE
de St-Denis-d'Anjou
les Croix Verts
DÉPARTEMENT DE LA SARTHE
ARRONDISSEMENT DE SEGRÉ
Com.e de Précigné
les Roches Ch.au
Morannes
Vindreau
Commune de Notre-Dame-du-Pé
C.ne de la Chapelle d'Aligné
Com.ne de Crosmières
CANTON DE CHÂTEAUNEUF-s-SARTHE
Commune de Brissarthe
la Cerclerie
la Sarthe
Juigné
Ch.au la Grande Motte
la Petitière
la Noë
Daumeray St Germain
la Touchandière Ch.au
les Moussardières
Commune de Bazouges
le Porage
le Grip Ch.au
l'Argance
Auvert Ch.au
Village des Pins
Doucé
la Rochejacquelin Ch.au
le Serrein Ch.au DURTAL
le Gouis
C.ne de Juvardeil
le Plessis
Chaloué
la Promenade
Étriché
la Bouchetière
la Motte-Baracé Ch.au
Huillé
la Haberdière Ch.au
Les Rairies
Commune de Tiercé
les Loges Ch.au
Baracé
le Loir
C.ne de Lezigné
Chambiers Ch.au
le Moulin d'Yvray
Vieille-Ville Ch.au
Commune de Seiches
C.ne de la Chapelle-St-Laud
Mené Ch.au
CANTON DE TIERCÉ
Montigné
la Fontaine Ch.au
ARRONDISSEMENT D'ANGERS
CANTON DE SEICHES
C.ne de Beauveau
C.ne de Cheviré-le-Rouge
CANTON DE BAUGÉ

www.ingramcontent.com/pod-product-compliance
Ingram Content Group UK Ltd.
Pitfield, Milton Keynes, MK11 3LW, UK
UKHW021509090726
13657UKWH00001B/119